あたりまえの親子関係に気づくエピソード65

菅野 幸恵

新曜社

はじめに

私は短大で子どもの発達や保育について教えています。授業をしていると、学生たちのもっている子どもに対するイメージは、とても素朴でロマンティックなものであると感じることがしばしばあります。「子どもは純粋無垢で、か弱い存在であり、だから大人はそれを慈しみ守らなければならない」というイメージです。それはそのまま、親子関係（あるいは養育者）のイメージにもつながっています。だから虐待をする親に対してはとても手厳しく、子どもに対してひどい扱いをする親の気持ちはとうてい理解できないし、したくもないと言います。

子どもたちが母親だけに見せる表情を垣間見たり、わが子の状態を的確に把握してテキパキと行動している母親の姿を見ると、親子の間には特別なつながりがあるように思えるのも当然です。ただそのようなつながりは、生物学的に母親になれば自然と身につくものではありません。日々子どもと過ごすなかで培われるものです。そして子どもとの日常は、いつもいつも美しく語れるような、きれいごとばかりではありません。生まれたばかりの子どもは昼夜を問わず泣き、そのたびに養育者は空腹を満たしてやったり、オムツを替えるなど環境を整えてやる必要があります。1歳代の後半になれば、子どもは自分のやりたいことを何がなんでも押し通そうとし、通らなければ泣き喚きます。養育者も一人の人間です。いつでもすぐに子どもの要求に応えられるわけではないし、子どもの要求のすべてを受け入れられるものでもありません（なかには拒否しなければならないものもあります）。子どもに対してネガティブな感情を抱くことも、当然あるでしょう。

そんな素朴な疑問を抱いたのは、修士論文に取り組もうとする大学院の学生のときでした。当時は子育てについての何の知識もない学生です。とにかく母親に直接聞いてみようと思いたって、先輩を頼り、ある母親にインタビューをする機会を得ました。素朴な問いを立てたものの、それが母親たちの実態と符合するものなのかどうか、半信半疑でした。おそるおそる、「子育てをしているとお子さんのことをかわいいと思うときと、イヤだと思うときと両方あると思うんですけど……」と問いかけると、その母親は笑顔で、「そりゃあ、イヤになるときのほうが多いくらいよ」と答えてくれました。イヤになることもあるという答えを求めていたものの、そんなに堂々と明るく答えられるとは思っていなかったので、「イヤになること」をたくましく語る母親の姿に、感動にも似た驚きを覚えました（その後何人もの母親から、同じような感動を得ました）。そして、同時に、そこに子育ての本質があるように感じたのです。子どもとの抜き差しならない現実を生きるそのなかに、親子関係の豊かな部分があるのではないか、と考えたのです。

子育てがきれいごとだけではないということは、子育てを体験した人たちにとってはあたりまえのことでしょう。ただ、こと親子関係、子育てに関しては、そのあたりまえが見えにくい現状があるように感じます。ポジティブな側面だけが強調され、ネガティブな側面は即逸脱行為としてとらえられてしまいかねません。しかし子どもを育てていれば、誰でも子どもに対するネガティブな感情を当然抱くでしょう。養育者も一人の人間であり、親子関係も人間関係のひとつなのです。この本では、きれいごとではない、あたりまえの親子の姿を記述したいと思います。

1章では、なぜ親子関係にはロマンティックなイメージがつきまとうのかについて考えるために、そもそも親子関係とはどのような関係であるのかについて述べます。2章では、心理学の理論を紹介しながら、私が親子関係の実際をどのように調べたか、その概要と方法について述べます。3章では、幼児をもつ母親へのインタビューに基づいて、母親たちがわが子に対して不快感情をもつのはどんなときなのか、それをどうとらえて目の前の事態を切り抜けているのかを明らかにしていきます。4章では、初めて親になる女性がどのように子どもへの不快感情を経験し、対処しているのかについて、子どもが生まれてから2歳になるまでの変化を記述していきます。5章では4章に引き続いて、2歳過ぎから5歳までの変化を検討します。最後に6章では、母親が子どもをイヤになるとはどういうことかについて、改めて考えてみます。

目次

目　次

装幀＝霜田りえこ

1章　子どもはかわいくて当然？　かわいくないのはおかしい？

【エピソード1】（1歳9ヶ月）

（子どもが）転んで膝を怪我したときに、「痛いねー」って言って、私が半ズボンで「じゃあ、ないないね、ないないー」って隠してあげたんですよ。「ないない」とか言って。そうしたらもう痛くないって感じですたこらさっさ歩いてて、その日はそれで終わって。そしたらあるとき、全然別に関係ない日に私が素足でいたら、傷じゃなくて足のシミかなんかを見つけたみたいで「ママ、いたいいたいだね。いたいね」って言われて「そうね」みたいな感じで私が言ったら、いきなり私の半ズボンぴーってのばして、「ないないよ、ないないよ」って。かわいい、やっぱりすごくだんだん仕草が、かわいくなってきちゃって。

【エピソード2】（1歳9ヶ月）

やっぱりこっちの都合おかまいなしじゃないですか。子どもって。それがやっぱりね、時々イヤになる。たとえば、暑いなか、歩かせて帰ろうにも歩いてくれないとか、抱っこしようにも暴れるしとか。もうそうなっちゃうと、もちろん置いて帰るわけにもいかないし、かといっておんぶ紐持ってきてないし。本当に途方にくれたくなる。タクシーはつかまる場所じゃないし、もうどうしたらいいのよーみたいな。

この二つのエピソードの語り手は、同じ母親です。対象となっている子どもも同じで、いずれも子どもが1歳9ヶ月のときのものです。あるときには、やることなすこと愛おしく思える子どもが、別のときには自分をひたすら困らせる存在となります。この母親が特別なのではなく、子育てをしていれば誰でも、子どものことをかわいいと思うときもあれば、かわいくない、いやだと思うことも当然あるでしょう。にもかかわらず、子育てについては、養育者の子どもに対するポジティブな感情ばかりに焦点があてられ、子どもに対するネガティブな感情は、あたかも不適応の印のような扱いを受けてしまっているのではないでしょうか。たとえばエピソード1は多くの人がほほえましく読むことができるでしょうが、エピソード2の場合は、人によっては母親に反発心を覚えるかもしれませんし、ストレスが溜まっているのではないかと心配する人もいるかもしれません。しかしどちらのエピソードも、子育てをしていればごくあたりまえに経験されることなのです。

この章では、まず親子関係とはどのような関係であるのかをふまえたうえで、その関係が抱える葛藤について述べてみます。そして、なぜ子どもに対するネガティブな感情は適応的なものとはみなされず、不適応の印になってしまったのか、その背景を探ります。

1　親子関係とは

人は一人では生きていけません。私たちは関係の網の目のなかに生まれ（浜田）、さまざまな人びとと関係を築きながら、その関係の網の目のなかを生きています。親子関係も数ある人間関係のうちのひとつですが、この世に生を享けた赤ん坊が最初に築くのが、養育者との関係です（ここで養育者とは、子どもの養育に第一義的にかかわる人を指します。必ずしも血のつながりがある人とは言えません。親子関係というときの親も同様に、生物学的な親だけでなく、里親等も含みます）。特に、他の哺乳類に比べると非常に未熟な状態で生まれる人間の赤ちゃんは、養育者の世話なしには自分の生命を維持することができません。また親子関係は、その後の人間関係の基礎をなすとも言われます（もちろん、親子関係がその後の人間関係すべてを決定づけるのではありませんが）。

親子関係は、このように人間関係のなかでも特別な関係です。もう少し詳しく、どのような関係性であるのかを考えてみましょう。

（1）「育テ上ゲネバナラヌ」という思い

当然のことながら、親は子を養育する義務があります。結果的にその義務を放棄したり果たせなかったとしても、そういう親でも、親は子どもを養育するものだとは知っています。親が子どもに向き合うときには必ず「育テ上ゲネバナラヌ」という課題を背負っており（小浜）、それが親子関係を決定づけます。親子関係は、親の「育テ上ゲネバナラヌ」という思いによって成り立っているのです。

ただそのような親の思いは、時として子どもを苦しめます。文化人類学者の上田紀行氏は、幼いころ父が失踪し、それ以来母と二人暮らしでした。母との関係に息苦しさを感じた上田さんは、大学入学を前に母親に訣別宣言をします。「あんたを刺してでも出て行くと」。かなりぶっそうなことばですが、そのくらい沸々とした思いを抱えていたことがわかります。親の育テ上ゲネバという思いによって子どもは育つのですが、それが子どもに重くのしかかることもあるのです。

また、育テ上ゲネバということばの前提として、子どもは育つもの、発達するもの、未来あるものとしてとらえられているということも重要です。これについては後述します。

(2) 親になることとは

人はみな小さいもの、弱いものを慈しみ、その育ちを支えたいという思いをもっています。そのような志向性は、すでに幼児期の子どもにも見ることができます。親になることとは、それを主体的に引き受けようとする（未来あるものを育て上げようとする）ことです。先に述べたように、非常に未熟な状態で生まれる人間の赤ちゃんは、他者の世話なしには自分の生命を維持していくことができません。子どもは養育者に頼らざるを得ないし、養育者は子どものために環境を整え、資源を提供する必要があります。そのため子どもが生まれると、養育者はその一挙手一投足に敏感になります。すやすやと眠っていれば安心ですが、ちょっとむずかろうものならどうしたのかと原因を探り、泣き止む気配がなければ病気なのではと心配になります。そのような養育的なかかわりは養育者から一方的になされるものではなく、オムツを替えたり、授乳したりという養育行動は、泣くなどの子どもからのシグナルを受け取ることによってなされます。泣いている子どもを放っておける大人は少ないでしょう。電車などで偶然居合わせた子どもがずっと泣いていると、こちらも落ち着かなくなってきます。泣いている＝赤ちゃんが何かネガティブな状態にあってそのことを訴えていると考えて、何かしらのかかわりを持とうとするのです。

（3）養育者の能動性

その点で養育者のかかわりは、子どもによって引き出されているとも言えますが、いつも養育行動が自動的に引き出されるというわけではありませんし、常にシグナルを適切に受け取れるわけでもありません。シグナルを適切に受け止めるためには、養育者の側の能動性もまた不可欠なのです（鯨岡）。特に子どもが生まれたばかりのころは、自分のことは棚上げして、子どものほうに気持ちを向け、子どもの世話をする必要があります。親には、一人の主体としての欲望の次元を超えた志向性（鯨岡）が必要とされるのです（鯨岡は、子どもの存在を丸ごと引き受けようとする親の志向性を、「配慮性」と呼んでいます。またウィニコットは、そのような親のかかわりを「傾倒的関与」と呼んでいます）。子どもと養育者の関係は、互いに互いの行動を引き出すとはいっても決して対等ではなく、養育者は子どもを丸ごと抱えざるを得ないのです。

2　親子は一体か

そのような子どもを丸ごと抱えようとする養育者の志向性を、私たちは親の愛とか母性愛とかということばで語ってきました。こういうことば自体が声高に語られることは近頃少なくなってきましたが、今も素朴に、あたりまえの感情としてとらえられていることは、虐待をした親が「冷酷な」「鬼」のように語られることからもわかります。ですが親子は本来、何も言わなくても通じ合う愛情たっぷりの関係なのでしょうか。

小浜は、親子の間の愛、愛情、母性、慈愛といった情緒は、はじめから存在しているのではなく、母と子の分離の延長線上に初めて現れると言います。母親から子どもが生まれるということは、個体と個体の分離であり、喪失です。その喪失の埋め合わせとして、母子の情緒的関係が作られるというのです。分離してしまうために、情緒的であろうとするという視点には興味深いものがあります。

人間の赤ん坊に限らず、育児行動が必要な動物の幼体は、相対的に大きな頭、下方にある大きな目、ふっくらとした頬、太く短い手足、もちもちとした肌、不器用な運動様式などの形態的な特徴をもち、成体に「かわいらしい」という印象をもたらすことが知られています。親が子どもに対してもつかわいらしさの印象は、親を惹きつける役割をもっており、子どもにとって適応的な意味があります。根ヶ山によれば、子の顔から受けるかわいらしさの印象は、9ヶ月から11ヶ月ころピークを迎えます。その時期の子どもはハイハイなどで移動可能になり、環境にはたらきかけるため危険性が増大する時期です。その後1歳以降になると、かわいらしさは減少していきます（根ヶ山）。子どもが親から離れようとするまさにそのときに、親は子どもに一番惹きつけられるということであり、それは危険に近づく子どもにとって適応的であると言えるでしょう。

また、親子のコミュニケーションを見ていると、他人にはわからない子どものちょっとした行動やことばを、親はつぶさに拾いとって理解しているように見えます。さすがお母さん！と思ってしまいますが、一見通じ合っているように見える親子のコミュニケーションも、実はそうではないかもしれないのです。岡本依子は、一般的に「通じ合っている」と考えられがちな親子のコミュニケーション場面の分析を通して、親子はもともと「通じ合っている」のではなく、「通じ合おうとしている」のではないかと指摘しています。岡本は母親が子どもがおしゃべりをするようになる前から、自分の声で話しかけるだけではなく、子どもの発話であるかのように子どもの声を代弁することに注目しています。母親が子どもの意図を十分に理解できているなら、わざわざ声に出して言う必要はありません。わざわざ声に出して代弁するのは、解釈があいまいだからこそなのではないかと岡本は言います。代弁してみることで、赤ちゃんの意図を確かめているのではないかという指摘です。

これらのことからわかるのは、親子が〝もともと〟愛情たっぷりだったり、一体だったり、通じ合っているわけではないということです。むしろ一体ではないからこそ、別々の存在だからこそ、離れないようにしておく生物的なしかけがあるし、一生懸命通じ合おうとするのではないでしょうか。

3　親子も人間関係

1節で述べたように、親子関係はなによりも養育ということで決定づけられてはいますが、人間関係のひとつにはちがいありません。

人間は他者の間に生まれ落ち、そこで生きます。一方では他者とつながることを強く求めつつ、他方では己の欲求を充足しようとします。人間とは個別性と共同性とを含んだ根源的な矛盾を抱えた存在なのです（浜田、鯨岡）。個と個がかかわろうとするとき、両者の思いが一致すれば親密な関係になりますが、互いの思いが食い違えば両者の間には軋轢が生じます。また人間は社会的な存在でもあるので、社会の一員としてふるまうことを求められます。社会が求めるものと自分のしたいことに食い違いがあれば、そこにはやはり軋轢が生じます。前者を個と個の間で生じるせめぎあいだとすると、後者は個と社会の間で生じるせめぎあいです。親子関係においても、当然そのようなせめぎあいは生じます。

（1）個と個のせめぎあい

個と個のせめぎあいはどんな人間関係でも生じますが、親子関係の場合、養育が前提となっているゆえの葛藤があります。他の人間関係だったら、気が合わなければ付き合わないという選択肢がとれますが、子育てはそうはいきません。お互いにとってやめられないからこその葛藤が生まれるのです。

子どもは養育者の世話のもとに自分の生命を維持し、その親密なかかわりのなかで、自己を育んでいきます。養育者の保護下にあるということは、安心なことでもありますが、行動が制限されているということでもあります。たとえば、子どもが移動可能になると、ベビーサークルが使われます。安全のために使われるのですが、子どもにしてみれば、環境の探索の機会を奪われているとも言えます。ベビーカーも同様です。外出時、車や自転車、歩行者などとの接触・事故を避ける目的もあるのでしょうが、移動の効率を考えて使用されているようにも見えます。だとしたらベルトでくくりつけられている子どもは窮屈でしかたないでしょう。子どもにとって、養育者は自分のことを一番に考えてくれる頼りになる存在である一方で、自分の前に立ちはだかる存在でもあるわけです。

ただし子どももいつまでも養育者の保護下にいるわけではありません。1歳半を過ぎると、子どもたちは自己を主張しはじめます。いわゆる反抗期と呼ばれる時期です。大人にとってはやっかいですが、この時期に子どもたちが見せる自己主張や反抗は、いまだ圧倒的な力をもって自らの前に立ちはだかる大人への挑戦であるとも言えます。実際親が子どもに求めたり、拒否することは理不尽なことも多いものです。一見子どものことを考えているようでいて、大人の都合であることもしばしばです。

佐野洋子は『シズコさん』のなかで、ずっと好きでなかったという母親との関係をつづっています。兄の死をきっかけに、母親からの虐待が始まったといいます。家の手伝いを言いつけられます。当時住んでいた家には水道がなかったため、近くの川から水を汲んで家のなかの水槽に入れる必要がありました。あるとき、佐野は七分目くらいのところでふたをしてごまかします。すると母はすぐにふたをあけて、じろりとにらみ、「私をだまそうとしてもそうはいかないんだから」と言うと、バケツと天秤棒を外に投げます。あるときは、釜でじゃがいもをふかすためにかまどの前で火の番をしていたのですが、気づくと居眠りをしていて、じゃがいもは真っ黒になってしまいました。母親は佐野を板の間にころがして、ほうきの柄でたたきのめしました。母親はいつまでも止めず、殺されるんだと思ったといいます。

母親の佐野に対する仕打ちは、虐待と言っているくらいひどいものです。そこまでするかと思います。しかし、佐野のほうも結構ずるがしこいのです。居眠りは不可抗力ですが、ごまかしはずるです。母親は、そのずるがしこさが気に入らなかったのかもしれません。このように親子関係には、なんとか自分の思い通りにしようという親と、そこからなんとかして逃れよう、すり抜けようとする子どもがにらみ合っている側面があるのです。それには、親もまた個としての人生を生きているということが関わっています。

養育者にとって、子どもが生まれるということは喜びである一方、妊婦は妊娠がわかった時点から行動が制限されます。生まれてからも、昼夜を問わず泣く子どもの世話をする必要があります。自分のことは棚にあげてといっても、すべてを棚にあげるわけにはいきません。身体的にも時間的にも、養育者が提供できる資源には限りがあります。だからといって、冒頭で紹介したエピソード2で母親が言っているように、子どものことを投げ出すわけにはいかず、そこに葛藤が生じます。「子どもより親が大事と思いたい」とは太宰治の『桜桃』の冒頭の一文ですが、このことばにひそかにうなずいている養育者は案外多いのではないでしょうか。しかし多くの親は、決しておおっぴらにそう言うことはできないのです。

動物行動学では、親と子のせめぎあいを繁殖という枠組みのなかでとらえます。親の目的は、子どもを産み育てることで自分の遺伝子を残すことです。子どもが小さいうちは、親子の利害は一致しています。しかし子どもが大きくなってくると、親子の利害に不一致が生じます。親が子育てに割くことのできる時間と労力には限りがあり、特定の子どもの子育てだけに集中することは、他の子どもを育てる機会を失うことになるからです（遺伝子をたくさん残すことができなくなるということです）。もちろん、人間の、特に現代の子育てを考えるときには、繁殖という枠組みのなかだけで考えることはできません。人間の場合、時間という資源をめぐってのせめぎあいは大きい問題です（根ヶ山）。親もまた自らの人生を生きているので、子育てに時間を費やせばそれだけ、子育て以外の活動に従事することができなくなります。

実際子育てにコミットするほど、子どもや子育てに対して複雑な感情を抱くことがわかっています。母親は父親に比べると、子どもや子育てに対してアンビバレントな感情（肯定的感情と否定的感情が共存する状態）をもっており、父親のなかでも育児の参加度の高い父親は、アンビバレントな感情をもっているというのです（柏木・若松）。

（2）個と社会のせめぎあい

次に、個と社会の関係について考えてみましょう。養育の最終的な目的は、子どもが一つの主体として自立し、社会で生きていくことです。

子どもの場合、集団生活を送るようになれば、そこでのルールに従う必要がありますし、仲間もできます。自分の行動が他者に対して、社会のなかで、どのような意味をもつかを知っていきます。子どもが社会とかかわりはじめるときは、いきなり社会集団にただほうりこまれるのではなく、養育者が社会の代弁者（仲介役）になります。そのために行われるのが、いわゆる〝しつけ〟です。先述したように「育テ上ゲネバナラヌ」という課題をもって養育者が子どもにかかわっているということは、養育者は子どもを〝発達するもの〟〝未来あるもの〟としてみているということです。育つ（育てる）ためには、ちゃんとご飯を食べてもらわなければなりません。それだけではなく、やがて〝自立〟して〝社会〟で生きていくためには、食べ方（食事のルール）も学んでもらう必要があります。つまり養育者のはたらきかけには、〝将来〟の視点からなされるものがあるのです（浜田）。一方で子どもは、〝将来〟のために生きているのではありません。そこで〝今〟を生きる子どもとの間に、緊張関係が生じます。親が子どもにしてほしいことも、子どもにはしたくないことだったりしますし、子どもがしたいことは、親にとってはしてほしくないことだったりするからです。

岩瀬成子の作品『そのぬくもりはきえない』の主人公、ナミは、小学校4年生で、母親と兄との三人暮らしです。母親はナミの将来を心配して、ソフトボールや、中学受験に力を入れた進学塾へ通うことをすすめます。ナミは行きたくないという気持ちを抱えつつ、母親にそれを言うことができず、従っています。お母さんは言います。「習いごとは休んじゃ意味ないよ。決められた日にかならず行くことで、自分をきたえられるんだから。」「やってみなきゃわからないよ。ナミはまだまだのびるよ。ぜったいにのびる。やるまえにあきらめるなんておかあさんがっかりだなあ。」「いやだなあって気持ちはだれにでもあるの。だけどそれは弱い気持ちじゃないのかなあ。弱い気持ちにひきずられていたら、どんなこともできなくなっちゃうよ。できない、できないと思っていると、どんどんものごとはマイナス方向にいってしまうよ。がんばるってそういうことよ。いやだなあって思ってもにげないことだよ。人生にはいろんなことがあるんだから、いやなことに負けてちゃだめだよ。にげちゃだめ。がんばらなきゃ。」ナミはお母さんの言うことは正しいんだろうと思いつつ、お母さんのことばに「ぐるぐるまきにされ」「山のなかにまよいこんだ気分」になってしまいます。

一方で仲介役となる養育者も、社会で生きる存在です。親たちは社会から養育者として子どもをちゃんと育てる責任を求められます。子どもが何か問題を起こすと、すぐに親の責任が問われます。社会で生きることを目的とする点で、どう育てるのかは親と子の二者の関係だけで決まるのではなく、社会が何を求めているかによって決まるのです。

日本のように人間関係を重んじる社会の場合、養育者は「人様に笑われないように、うしろ指をさされないように」子どもを人並みに育てようとします。養育者は子どもがちゃんと育っているか不安になるし、社会の目は、時には大きなプレッシャーとなって養育者を苦しめることもあります。養育者は社会と子どもとの間で板ばさみとなっているのです。先に紹介したナミのお母さんは、女手ひとつでナミとお兄さんを育てています。ここからは私の憶測ですが、お母さんがナミに私立中学に行ってもらいたいと思ったり、習いごとを成し遂げてもらいたいと思ったりするのは、「女手ひとつ」ということへの社会の目に対する反応であるのかもしれません。ナミに投げかけるお母さんのことばは、実は社会からお母さんが投げかけられることばなのかもしれません。

以上のことから、親子関係のなかで生じるせめぎあいは二つにまとめることができます。ひとつは、親と子それぞれがひとつの生を生きる個としての関係のなかで生じるせめぎあいです。もうひとつは、子と社会をつなぐ媒介者として親が存在するという関係のなかで生じるせめぎあいです。育て上げねばならぬという養育者の思いのもとで行われる養育という営みにおいては、二つ目の関係だけがクローズアップされがちですが、親もまた一人の人間であるという一つ目の視点も重要です。

4　親子のネガティブな部分は不適応の印？

さて、ここまで、親子関係とはそもそもどのような関係かについて述べてきました。親子の関係はアンビバレントな側面を含むのは当然であるのに、なぜネガティブな部分は不適応の印のように思われてしまうのでしょうか。歴史を遡りながら考えていきます。

（1）育児ノイローゼ

日本では1970年代に、〝母子心中〟という社会現象を通して、育児期の母親が抱える困難、負担、不安が注目をあびるようになりました。母子心中自体は、大正や昭和初期にも頻発していました。ただ当時の心中は貧困が主な原因であったのに対して（佐藤）、1970年代に頻発した心中は、原因として育児ノイローゼがあるとされ（高橋）、これまでとは違うタイプの心中という意味で世間の注目をあびました。もともとノイローゼとは精神医学用語で、神経症のことを指します。ただ当時育児ノイローゼ（他にも受験ノイローゼという使われ方もしました）というときのノイローゼは、精神が不安定である状態や広義の精神疾患を表すことばとして使われており（佐藤）、学術的な意味はありませんでした。育児に閉塞し精神が不安定になっている状態を、育児ノイローゼと呼んだのです。しかし当時は、育児は母親がするのがあたりまえ、しかも当然うまくいくものと思われていたので、育児の困難は個人的な問題として扱われがちでした（佐藤）。たとえば、梁井たちは、育児不安が生じるのは、母親の「育児知識、子どもの発達や個性に対する理解が表面的で、中途半端でありながら、育児に熱心で、子どもを注意深く傍観することができないところ」からではないかとしています。詫摩も、育児不安の背景に核家族化など社会の変化があることを指摘しつつ、日本の女性は溢れる情報のなかでどの育児法が自分の子どもに適しているのかを考えたり判断したりする力がないとして、「女性自身の人間的未熟性」をひとつの要因にあげています。さらに佐藤によれば、当時母子心中の背景にあるとされた育児ノイローゼということばは、単なる精神状態の悪さだけではなく、「失格者」という価値的な判断・評価が含まれている場合が多かったといいます。当時はコインロッカーベビー事件などをきっかけに、社会全体として母子のありかたに疑問が向けられ、「母性の喪失」が嘆かれた時代であり（田間）、母親たちが感じる子どもや子育てに対するネガティブな感情は、個人の問題（未熟さ）であるとされ、さらに「育児もできないなんて母親失格」というように、侮蔑的な意味合いを込めて育児ノイローゼというレッテルが貼られたのです。

（2）育児ノイローゼが生まれた社会的背景

育児ノイローゼに注目が集まった1970年代は、高度経済成長が終わりを告げたころでした。高度経済成長期、日本の子育てをとりまく環境は大きく変化しました。まず産業形態の変化により、サラリーマンが増え、家庭外で仕事をするようになりました。男性一人の稼ぎでも家族が生活できるようになり、女性には男性を支える役割が期待されました。専業主婦が一般的になり、「男は仕事、女は家事育児」という性別役割分業が定着したのです。産業形態の変化は都市化、住居の郊外化を促進し、家族のかたちは夫婦と子どもという核家族が中心となりました。子育ても、自分の生まれ育った土地ではなく、結婚後居を構えた見ず知らずの土地ではじめることが多くなりました。同時に、少産少子化が急激に進みました。その結果、親をとりまく環境は大きく変化しました。地縁、血縁を中心としたコミュニティの援助の下で行われていた子産み・子育てはその機能を失い（菅原）、世代から世代への文化伝達としての世代間リサイクルが困難になったのです（鯨岡）。地縁、血縁を中心としたコミュニティのなかで子育てがなされていた時代は、さまざまな世代の人がかかわっていました。年長の子どもは年少の子どもの面倒をみたり、遊んだりすることによって子育ての周辺的な仕事を担っていました（氏家、浜田）。子どもをめぐるさまざまな習俗があり、それを通して子どもは実の親だけではなく、地域のさまざまな大人と関係を築いていました。またそのような地域の人間関係のなかで、さまざまな子育ての知恵が伝達されていました。1950年代まで自宅で行われていた出産は、1960年代にかけて急速に病院などの施設でなされるようになりました。少子化によって子ども時代に小さい子どもの世話をする経験が減ったことは、リアルな子どものケアを体験しないまま、いきなり責任の重い、失敗の許されない仕事を任されることを意味します。現代でも親になるための準備として母親学級などに参加したり、育児書を読んだりすることはできますが、そこでは実際に子育てを体験できるのではありません。事前に知ることができるのは、身体的な感覚の伴わない、抽象的な〝子ども〟の姿であり、そのようななかで新米の親は親になることを求められるのです（氏家）。

子育てが地域のコミュニティの人間関係のなかでなされていた時代は、育児のうえのちょっとした不安や心配があっても、それは母親一人が背負うのではなく、人間関係のなかで共有され解消されていたでしょう。しかし育児が人びとの共同的な日常生活から切り離され、育児のネガティブな側面が共有されなくなり、育児を母親一人が担うことになりました。それがひとつの要因となって、極端な場合には育児ノイローゼとなったと考えられます。

（3）社会問題としての育児不安

１９８０年代に入ると、育児不安に関する実証的な研究（たとえば、大日向、牧野）が行われるようになり、多くの母親が不安や不満を抱えていること、育児不安の背景には、夫の育児不参加、家族やそれ以外からのサポートがないことなどの環境の要因があること、また子育て環境そのものが、核家族化や少子化といった社会変動によって大きく変化していることが指摘され、育児不安は個人的な問題ではなく、むしろ社会的な問題として扱われるべきだという訴えがなされました。

しかし、このような研究は育児に悩む母親への臨床的必要性からなされたので、不安やストレスの軽減や緩和、支援のありかたにその焦点があてられています。つまり、不安やストレスは、子育てのなかであってはならないもの（ないほうがよいもの）としてとらえられているのです。鯨岡や岡本祐子は、個人の自由や尊厳を大切にし、自立を奨励するような戦後の価値観は、個人が抱える負の部分を克服するように促したり、一方では負の部分を排除・隠蔽するように促したと指摘しています。その結果、本来あるはずの子育ての負の側面までもが、ストレスや不安というかたちで、排除すべきものとして扱われるようになったとも考えられます。

さらに、それらの研究では、不安やストレスを抱える、支援が必要な存在として母親をとらえています。育児不安や育児ストレスの研究は、そのような感情をもつことが決して特別でないことを示し、母性神話の呪縛から母親たちを解放するきっかけとなりましたが、社会の被害者としての母親を強調することは、母親たちを困難を抱え支援の必要な存在としてみるきっかけをも与えてしまったのではないでしょうか。育児不安や育児ストレスの存在がクローズアップされ、その否定的影響のみが強調されることは、子育てそのものをネガティブにとらえることになり、人びとの不安をさらに強めることになる（青野）と考えられます。

5　ネガティブな側面の積極的意味

子どもに対するネガティブな感情は、子育てのなかで誰にでも経験されることであり、それ自体不適応なものではありません。それどころか親子関係の反発性には、適応的な意味があります。

親子の間に生じる反発性や親子の分離は、子どもの自立を促す契機になりえます（根ヶ山）。親子の対立に着目してなされた研究（Rijt-Plooij）では、親子の対立は子どもの退行行動に続いて生じる傾向があり、その対立関係が子どもに新たな行動様式をもたらすことが明らかとなっています。親子の葛藤が大きくなる乳幼児期、思春期のいわゆる反抗期は子どもの自立との関連が広く知られています。

また離れることは、相手による拘束から自由になることです。離れることで、個としての存在感を示す機会に恵まれます。「子どもから離れてやりたいことができている」という母親ほど育児不安の程度が低く、専業主婦のほうが有職主婦よりも育児不安が高い（牧野）ということは、離れるということの積極的な可能性を示していると言えるでしょう。1節で紹介した上田紀行さん親子の場合、子どもの訣別宣言を受けた母親は「じゃあ家族を解散しましょう」と言って母親のほうが出て行ってしまいます。関係に息苦しさを感じていたのは子どもだけではなく、親も同様だったのかもしれません。上田さんのお母さん（翻訳家の上田公子さん）は、息子と離れたあと、一人で生き生きと暮らしておられたそうです。

ただし、以上で述べたのは長期的にみれば、ということです。親は、日常のなかで起こる子どもとの抜き差しならないせめぎあいのなかで実際に何を感じていて、どう乗り越えていくのでしょうか。本書では、子育てをしていくなかであたりまえに経験される感情として母親の子どもに対する不快感情（母親が子どもをイヤになること）をとり上げ、母親たちが日常のなかでその感情とどのようにつきあっているのかを明らかにしていこうと思います。

2章　どのようにインタビューしたか

1　なぜインタビューなのか

私は、親たちが日々の子育てのなかでどのようなことを感じているのかを尋ねるために、母親たちにインタビューを行いました。子育て中の母親を対象にした研究では、質問紙を配って回答を記入してもらうことも多いのですが、私はあえてインタビューをすることにしました。質問紙を作るには、事前に聞きたいことについての明確なプランが必要で、そのプラン自体を模索中だったということもありますが、一番の理由は、子育て中の母親たちに直に会って話を聞きたいという単純なものでした。質問紙では多くの人たちの意見を聞くことができますが、得られるのは用意した質問項目に対する答えだけで、答えた人の顔は見えてきません。その点、インタビューは協力者に会って直接答えを聞くことができます。もちろんインタビューも目的があってなされることで、日常会話とは異なりますが、基本は人と人とのやりとりです。たとえインタビューのときの1回限りの出会いであっても、その人の生き生きとした人生の物語に触れることができます。また当然のことながら、人は一人ひとり独自の人生を生きています。会う人が増えるほど、そのバリエーションは増していきます。その厚みは、質問紙の回収枚数とは質が異なるものです。

そして、インタビューのもうひとつの強みは、いつでも生の語りに戻れることです。インタビューをまとめるにあたっては、まずテープに録音された語りを忠実に文字に書き起こし、それを読み込みながら、そこから見えてくる枠組みを浮かび上がらせていきます。まとめの作業が進んでいくと、語りから生々しさが薄れていってしまうこともあります。そんなときインタビューの場合は、当時の語りに戻ることができます。本書に掲載したインタビューのうち古いものは今から15年以上前のものです。今回本書をまとめるにあたって久しぶりに当時の逐語録を読んでみたら、当時の情景がありありと思い起こされ、母たちの声が聞こえてくるようでした。語りのもつ力に改めて驚きました。

2 語り手にとってのリアリティを

インタビューという方法に対する批判として、インタビューで語られることは応じてくれた協力者の主観に基づくもので、語られていることが真実かどうかわからない点があげられることがあります。しかし私は、インタビューで語られたものには、語り手が目の前の現実をどのように意味づけているのかが現れていると考えています。客観的な正確性は問いません。客観的に正確かどうかではなく、語り手にとって真実と思えること、そのリアリティを重視します。

同じようなスタンスでインタビューを行っている研究として、澤田たちの研究を紹介しましょう。彼らは、「母親が日常的な育児実践のなかで用いている、子どもの成長、育ちについての観念あるいは見方」を「母親の素朴な発達観」と定義し、一人の母親への詳細なインタビューによって明らかにしています。澤田らは、母親の語りのなかには古くからの言い伝えや生活の知恵のようなものが含まれており、そのような信念を母親は、論理的に一貫しているとか、客観的な事実間の因果関係を説明するといった基準ではなく、目の前の事態を切り抜け、自分自身の気を楽にするかどうかで取捨選択していたといいます。たとえば、昼夜問わず泣き止まない長男に対して母親は、実にいろいろなことを試みます。実家の祖母から「寝ずに泣く子の枕の下にはさみをいれると泣かなくなる」と聞けばそうしてみるし、近所の人から「皮膚刺激を与えると精神が安定するから」と言われ、身体をざらざらしたタオルで擦ったり、それらの俗信に否定的な態度をもちつつも、まさに藁にもすがる思いで何でもやってみます。抱っこしないと寝ない長男に対して母親は「抱き癖」を心配しますが、「抱っこしてやれるなら抱っこしてやれ」と実家の母に言われて「この子は抱き癖じゃなくて泣くんだ」と思うようになり、泣き止まない長男を抱きかかえながら家事などをこなします。澤田らは、このような「母親の素朴な発達観」を、科学的事実に一致しているか否かにかかわらず、それ自体意味のある現象であると述べています。子どもとの抜き差しならない現実を生き抜くためには、今のこの状況を切り抜ける方便のようなものが必要なのではないでしょうか。本書でも、科学的に正しいか正しくないかということではなく、母親にとってのリアリティを明らかにしたいと考えています。

3　人びとの日常を記述すること

澤田らが取り上げた「母親の素朴な発達観」は、非常にローカルで、個別的で、具体的なものです。つまり、時代や場所によって異なるだけでなく、人によってさまざまです。客観主義的な手法をとる従来の心理学では、このような人間の多義的でローカルで個別具体的な側面は切り捨てられてしまいがちでした。物理学を模範として、個々の現象を超えた一般的な法則を見出すことが心理学であると考えられたからです。人間の〝心〟は観察できないので、外に現れた行動だけが心理学の研究対象であるとする、「心」なしの心理学が盛んになったこともあります。

しかし当然のことですが、人間はモノとは異なります。人間は歴史的な時代・文化のなかに生まれ、人びととのつながりのなかで、意思をもって生きている存在です。日常生活から切り離すことなどできないのです。このような反省から、近年心理学を含めた人間にかかわる学問分野において、「具体的な事例を重視し、それを文化・社会・時間的文脈のなかでとらえようとし、人びと自身の行為や語りをその人びとが生きているフィールドのなかで理解しようとする」（やまだ）質的研究が注目をあびるようになっています。質的研究は、従来の客観的な量的データを重視する方法と対比させて、質的データを扱う研究と思われがちですが、単純に質的なデータをめざすのではありません。質的研究は、このような人間観や認識論、人間の経験世界に対するものの見方の変革とかかわっています（やまだ）。質的研究は、人びとが生きる世界の多元性や多様性、それが変化するプロセスに関心があるのであり、具体的な現場に結びついた「ローカルな理論」に注目するのです。

私は、子育て中の親たちの「ローカルな理論」について検討するために、インタビューという手法を用い、そこで得られる「語り」を分析の対象とすることにしました。語りとは、二つ以上の出来事を結びつけて筋立てる行為ですが、語りを通して人びとは各々の経験を組織化し、意味づけます（やまだ）。人びとの「語り」を対象にする研究は、語られたことが真実か事実かどうかは問いません。人びとが「どう語るのか」に注目します。その人がどう自分の経験を受け止め、まとまりを与えているかを問うのです。「ふつうの人びとがふつうにやっていること」を知りたいならば、人びとの語りに着目することが必要（やまだ）なのです。本書では、子育て中の親や、初めて子育てを体験する親たちが、目の前の子どもとの生活のなかで経験する出来事をどのように受け止めているのか、つまり子育てをめぐって「親たちがふつうに感じていること」について検討していきます。

4　子どもへの不快感情を語ること

語りは他者を志向してなされるものなので、他者に語ることによって自分のしていることに合理性や正当性、一貫性をもたらそうとします。更生保護施設職員は非行臨床という実践をどのように説明するのかについて検討した松嶋は、両親の責任を問うこと（養育環境の問題を指摘すること）によって職員が実践で感じる無力感を中和していること、さらに少年を子どもと呼ぶことは、施設での職員の実践を意味あるものとして見せる行為であり、さらに職員が少年の問題を語ることは更生保護の実践家という社会的アイデンティティを獲得する行為であると指摘しています。少年のなかには仕事をもっている場合もあり、本来であれば施設職員が彼らを子どもと呼ぶのは妥当ではありません。しかし子どもと呼ぶことで、職員をはじめ少年の両親などの大人と彼らを対比させることができ、そのかかわりを強調することができるのです。

虐待をした親が「しつけのつもりだった」と語るのも、ある意味で理にかなったことであると言えます。自分のしたことを親子関係の枠組みで語るためには、そう語るしかないのです。親子であろうとするからこそ、自分のしたことを正当化する「しつけ」ということばが出てくるのでしょう。親子であろうとしなければ、「ムカついた」「腹が立った」などで十分です。皮肉なことに、親のしていることは明らかに親子関係を破綻させる不適切なものなのですが、それでも親であろうとして、適切なことであったかのように見せるのではないでしょうか。

そこには、私たちがリアリティを作る方法——施設職員だったら非行少年の施設職員というリアリティを、親であれば養育者であるというリアリティを作る方法——が表れていると言えるでしょう。方法というと大げさですが、ごく普通に私たちがしていることを指します。その積み重ねによって、私たちの日常は成り立っているのです。本書の不快感情に関する母親たちの語りには、子育てという日常の実践における母親たちの方法が表れているのです。

子どもに不快な感情を抱くことは、ときに育てる‐育てられる関係を脅かしかねませんし、そういう感情を抱くことがあっても当然でしょうと開き直ったら他者から非難されるかもしれない、不都合な現実です。そして親であることが強烈に意識される、逃れられない現実でもあるのです。育児を続けていくためには、そのような現実に何らかのかたちで折り合いをつける

表１　母親たちへのインタビューの概要

	研究形態	協力者	筆者と協力者との関係	調査期間と回数	インタビュー以外の調査内容
幼児をもつ母親にした研究（研究１）	単独	25名の母親	△	１回	フェイスシート
縦断研究（研究２～５）	共同研究	41家庭＊1	担当家庭(10)：○ それ以外：△＊2	妊娠中から第１子が５歳になるまでの、計19回	自由遊び場面の観察 質問紙２種類 15家庭については父親の調査も行った（内容は母親に類似）

＊1　41家庭のうち、３家庭は遠方への引越し等の理由で、1歳になるまえに調査を終了した。また子どもが２歳になった時点で、今後も継続して調査に協力してもらえるかどうか再度意思確認をして31家庭から応諾を得た。

＊2　○は筆者が協力者にある程度深くコミットし、協力者との関係が作られていること、△は、協力者との間に関係はあるもののそれほど深くないことを示す。

必要があるし、それを他者に説明可能なかたちで語るときに、その人の折り合いのつけ方が表れるのです。

5　本書のインタビューの詳細

本書の母親たちへのインタビューは、大きく二つの部分からなっています（表1）。ひとつは子育て中の母親を対象にした、1回だけのインタビュー（3章）、二つ目は、初めて子どもをもつ母親を対象にして、妊娠中から生後5年まで、定期的にインタビューを継続した研究です（これを、縦断的研究と言います。4章と5章）。3章の研究は筆者が単独で行いましたが、4章と5章の研究は、他の研究者と共同で行った縦断研究プロジェクト（通称かんがるぅプロジェクト）の一部です。

かんがるぅプロジェクト

岡本依子、青木弥生、石川あゆち、亀井美弥子、川田学、東海林麗香、高橋千枝、八木下（川田）暁子、そして筆者が共同で行った縦断研究プロジェクトです。これは、研究に賛同して協力してくださった母親たちに、プロジェクトのメンバーがそれぞれの関心のあるテーマでインタビューしたり観察したりする、「目的相乗り対象共有型共同研究」（岡本）でした。筆者はこのプロジェクトに、親の育児感情というテーマをもって参加しました（そのほか、縦断研究プロジェクト全体の詳細については別のところ（岡本・菅野）で述べましたのでご参照ください）。縦断研究プロジェクトではインタビュー以外に、親子の自由遊び場面の観察、質問紙などを実施しましたが、本書ではインタビューの結果の一部を紹介します。

縦断研究への協力者の募集は、首都圏で行われている母親学級および両親学級で行いました。調査時期は１９９７年7月から２００２年12月。著者を含めた縦断研究プロジェクトのメンバーが、３ヶ月ごとにそれぞれの家庭を訪問しました。

3章　母親が子どもをイヤになるのはどんなとき？

1　幼児をもつ母親へのインタビュー

（1）母親たちが子どもをイヤになるのはどんなときなのか

この問いを探るため、まず2、3歳の子どもをもつ母親にインタビューをしました。2、3歳という年齢は子どもが自己主張・反抗をしはじめる時期で、子育ての葛藤を抱えやすい時期であると考えられます。そのような年齢の子どもをもつ母親のほうが子どもたちへの否定的な感情を語りやすく、まず実態を知りたいという私の目的にあっていると考えました。

具体的には、先輩の伝を頼って、郊外で活動している子育てサークルのお母さんたちを中心に協力をお願いしました。子育てサークルの活動の終わりに少し時間をいただいて協力をお願いするチラシを配布しました。70名のうち34名の方から協力してもよいというお返事をいただき、日程などの調整のついた24名の方と、別ルートで知人に紹介してもらった1名の方、合計25名の方にインタビューをしました。インタビューは1996年6月から8月の間に、協力者の都合にあわせて大学の研究室もしくは協力者の自宅で行いました。インタビューの様子は、協力者の許可を得てテープレコーダーで録音しました。

インタビュー協力者の調査時の年齢は、平均で33・3歳（25～43歳）、25名中20名が専業主婦で、フルタイムの就業者はいませんでした。子どもの年齢は平均で3・85歳で、もっとも小さい子どもが1歳5ヶ月、大きい子どもは12歳11ヶ月でした。インタビューを始めた当初は2、3歳に該当するお子さんのお話だけを聞こうと考えていましたが、インタビューをしてみると、きょうだいのいる場合にはその存在を無視することはできないということがよくわかりました。当該の子どもと親との関係だけを切り取ることはできないと考え、そのため、2、3歳児のきょうだいに関する語りも対象にすることにしました。

（２）インタビューにあたって

インタビューの場は、協力者と調査者の共同作業によって創られる場です[1]（澤田）。まず研究協力者との信頼関係（ラポールと言います）を作ることが、よりよい研究の第一歩です。人間関係における信頼は、その人が実際に「よい」人かどうかということよりも、その人をどれだけ「よく知っている」かによるところが大きいと考えられます（岡本）。今回のインタビューの場合、ほとんどの方と初対面でしたので、どうやってラポールを築くかが大きな問題でした。インタビューの回数は１人１回で、長子が中学生に達している母親もいましたし、次子が生まれたばかりの母親もいました。一方の私は当時大学院に入ったばかり。もちろん独身で育児の経験もありません。

インタビューの場を作るための要件の一つとして、澤田は「自分とは異なる世界が存在していることを意識する」ことを指摘しています。そこで私は、育児の先輩である母親たちから教えてもらおうという心づもりでインタビューに臨みました。自分の知らない、経験したことのない世界を見聞きする機会としてとらえたのです。そのことを面接のはじめに、「育児の先輩から後輩に教えるつもりでお話してください。」ということばで伝えました。この先輩から後輩へというスタンスは、非常に重要だったと思います。育児とは関係のない、研究のための聞き手、〝非〟当事者ではなく、〝未来の〟当事者として向き合うことができたからです。実際多くの母親たちは、右も左もわからない私に、赤裸々に子どものこと、育児のことを語ってくれました。

とある学会でこのときのインタビューの内容を発表した際、ある方から、「子育て経験のないあなたに母親たちは果たして本音を語ったのだろうか」という疑問を投げかけられたことがありました。2章で述べたように、私は語り手にとってのリアリティを重視しました。本音か、事実かを問うのではなく、インタビューの場に、受ける側とする側がどのような関係性で臨んだのか、そこを明らかにすることが重要なことであると考えます。

もちろん、経験者だから聞ける（話せる）ことはあるでしょう。しかし経験していないから聞ける（話せる）こともあるのではないかと思うのです。だからこそ両者の関係性をオープンにすることが大切だと考えています。（この点について菅野は、当事者に関する本の中で述べています。）

こぼれ話

「先輩から後輩に話すつもりで」といっても、いきなり本題に入るのもお互い緊張するし、テープレコーダーも気になります。そこで私は、先輩からのアドバイスもあって、ラポール作りも兼ねて、インタビューの初めに必ずお子さんの名前の由来をお聞きするようにしていました。これについてはみなさんいろんな思いがあるようでたくさん語ってくれましたし、そこからお子さんへの思いなども垣間見られて、話し終わるころにはテープレコーダーの存在も気にならなくなり、その後のインタビューもスムーズに行えたように感じています。

（3）インタビューの内容

インタビューは、育児や子どもに関する質問を中心に構成しました。

ここで紹介するのは、質問「お子さんのことをイヤになるのはどんなときですか」に対する母親の語りです。この質問はインタビューのなかで「どんなお母さんでも、子育てをしていればお子さんのことかわいいと思うときとイヤだと思うとき両方あると思うのですが」という前置きをしたあと、まず「かわいいと思うとき」を尋ね、その後にしました。そのような順番で尋ねたのは、イヤになることを語ることの抵抗感を少しでもなくすためでした。

インタビューの内容はすべて逐語録にし、母親が不快感情をもった出来事をひとつのエピソードとして数えました。すべてのインタビューで語られたエピソードは、65ありました。それでは、インタビューで得られたこの65のエピソードに基づいて、母親たちがわが子に対して不快感情をもつのはどんなときなのか、それをどうとらえて目の前の事態を切り抜けていたのかについて明らかにしたいと思います。

2 インタビューから見えてきたこと

エピソードを見ていくと、母親が子どもに対して不快感情をもつ場面は、子ども同士がやりとりしている場面と母親と子どもの直接のやりとりがある場面の二つに大きく分かれました。

表2　母親に不快感情をもたらす育児場面と例

子ども同士のやりとり	子ども同士のやりとりが問題になっている場面（母親はやりとりに参加していない）	他児とのトラブル 「友だちと衝突して謝れない」
		きょうだい間のトラブル 「上の子が下の子にいじわるする」 「下の子におもちゃをとられて怒る」
母子のやりとり	母親のおかれている状況状態が問題	心身の状態がよくない 「疲れているとき」「イライラしているとき」 「余裕がないとき」 すべきことがある 「忙しいときに何か要求」 「用事があるときに外に行きたがる」
	日常的課題がある “いま—ここ”	思い通りにならない 「ご飯を食べるのに時間がかかる」 「食事が気に入らないと食べない」 「歯磨きを嫌がる」 「薬を飲まない」 「早朝泣く」 「寝起きが悪い」 「なかなか寝ない」 「眠れなくてぐずる」 「朝ダラダラする」 「幼稚園に行きたくないという」 「幼稚園の服を着ない」 「注意したことを守れない」 「トイレットトレーニングがうまくいかない」 「約束を守らない」
		無理な要求をする 「お店のなかで駄々をこねる」 「熱があるのに水遊びをする」 「外出先でぐずる」 「朝早くからよそのお家に行きたがる」 「友だちと遊びたいとぐずる」 「お腹の調子が悪いのに消化のよくないものを食べたがる」 「やっちゃだめということをする」 「わざと悪いことをする」
	発達的課題 “これまで” “これから”	「いたずら」 「ベターっと甘えてくる」 「べたべたしてくる」 「何かとママを求める」 「気に入った服しか着ない」 「親の顔色を窺う」 「自分の嫌なところと似ている」 「すぐ泣く」

（1）子ども同士のやりとり

この場面は子ども同士がやりとりしている場面で、母親はそのやりとりに直接参加しておらず、間接的にかかわっています。そのような場面で母親に不快感情をもたらすのは、他児とわが子のトラブルやきょうだい間のトラブルでした。

①他児とわが子のトラブル

【エピソード3】友だちとのトラブル（4歳6ヶ月）

お友だちと衝突したときに、もうちょっとちゃんと謝ればいいと思いますけどね。〈どうするんですか?〉できるだけ自分の口から謝らせようと思うんですけど、頑固で絶対に言わないんですよ。納得しないと絶対に言わなくて、でも○○が悪いんだよって言うんですけど。言わないと一応私が言って（謝って）。できるだけ言わないようにしているんですけどね。＊〈 〉内はインタビュアーの発話、（ ）内は著者による補足。

ここで母親は子どもたちのやりとりを眺める傍観者的立場におり（場を収めるために介入することはありますが）、うまくふるまえないわが子の様子をもどかしく感じていると考えられます。

よその子どもとのトラブルの場合、うまくふるまえないわが子の様子だけではなく、他児の母親への気遣いもあります。ある母親（Oさん）はきょうだいのトラブルだったらほっておけるけど、友だち同士の場合はそうもいかないと言って、次のように語りました。

【エピソード４】 友だちとのトラブル（4歳11ヶ月）

向こうのお母さんもいらっしゃるわけですから、こっちが悪いときは謝ってもらわないとだめですよね。世間の目が気になってしまって。だからお友だちのときはどうしたのっていうよりは、けんかしてダメでしょみたいな感じで、理由も聞かずに怒っちゃいますね。ちょっといけないなーと最近反省してます。

エピソード3でも、子どもが謝らなければ自分が謝るとあり、これも相手の子や相手の親を気遣ってのことのようにとらえられます。「できるだけ言わないようにしている」や「反省している」と語られているように、口を出さないほうがいいと思いつつ、よその人の手前その場を丸く収めてしまいたいという思いが見えてきます。

なぜほっておけないのでしょうか。それは子どもを社会に受け入れられる人間に育てる、社会と子どもをつなぐソーシャライザー（社会化の担い手）としての自分（親）の役割を強く意識しているからだと考えます。同じ時のインタビューで、よその子どもに対する質問（よその子のことをイヤになるときはどんなときか？）をしたとき、子どもについて質問しているのにもかかわらず、その親の行動を語ることがありました。たとえば子ども同士のトラブルが起こっているとき、その親が「その場にいなかったり」「おしゃべりしていて子どものこと見てなかったり」するなど、その役割を果たしていないと厳しく、「子どもの社会でもルールがあるってことを教えないお母さんは何考えてるのかな」と思ったりするのです。自分が他者に対して感じることは、他者も自分に感じるかもしれません。子ども同士のやりとりについ口を出したり介入したりしてしまうのは、ソーシャライザーとしての親の役割を果たさなくてはというプレッシャーや、役割を果たしていないことを指摘（非難）されるのを恐れてということも考えられます。それはつまり、社会から見られる自分を意識しているということになります。

ここで母親は、実際によその母親から非難されたわけではありません。非難されるのではないかと不安に感じているのです。そのとき母親たちが意識する他者の目は、母親たち自身のなかにあるものが投影されたものであると言えるでしょう。

このようなことを、私たちは日常生活でも普通に経験しています。たとえば外出中ズボンのお尻の部分に穴が開いていることに気がついたとします。それまでは何事もなく歩いていられたのに、穴に気づいたとたん他者がそれを見ているような気がして、恥ずかしくて気になってたまらなくなります。他者から穴を指摘されたわけではないのに、見られているような気持ちになるのです。お尻に開いた穴を格好悪いと見ている自分を他者に投影しているのです。

このとき自分を見ている自分を、浜田寿美男は〝内なる他者〟と呼びました。浜田は『ありのままを生きる』のなかで、火傷によって右手の指をなくしたみつこさんの感じる羞恥の構造を、内なる他者という視点から述べています。みつこさんは5歳のとき火傷によって、右手の指をなくしました。小学校に上がるとき、みつこさんのお母さんはみつこさんのために黄色い手袋を編みます。その手袋によってみつこさんは右手を人目にさらさなくてすむのですが、同時にその手袋は、右手を見られてはいけないもの（醜いもの）としてしまうのです。みつこさんは大学のとき、思い切って手袋を外してみます。外してみたものの、誰に指摘されるわけでもないのに気になって仕方がありません。誰かと目が合っただけで火が出るほど恥ずかしくなります。浜田はみつこさんが感じる恥ずかしさは、自分の手を見られてはならない（醜いもの）であると見てきた自分の思いの反映であると指摘しています。

先にみつこさんのお母さんは、みつこさんのために手袋を編んだと書きました。しかしみつこさんの手袋は、みつこさんのためだけに編まれたのでしょうか。母親にしてみれば、あのとき自分が気をつけていれば、という思いが当然あるはずです。指のなくなったみつこさんの右手は母親にとって自分の過ちを思い起こさせるものであり、他者の非難を招く恐れのあるものだったかもしれません。その意味で、手袋はみつこさんを守ると同時に、母親自身を他者の目から守るものだったのではないでしょうか。みつこさんのお母さんも、内なる他者を抱えていたと考えることができるでしょう。

わが子と他児のトラブルも同様で、子どもがうまくふるまえないことは、自分の育児がうまくいっていないことをさらすことになるかもしれません。それを避けるために、つい口を出してしまうとも考えられます。エピソード3でいえば、母親の不快感情は子どもが謝れないことそれ自体に対してだけではなく、謝れない子どもが他者の目にさらされることに対して起こっているのではないでしょうか。ここで母親たちが意識しているソーシャライザーの役割は、わが子に対するものだけではなく、社会（他者）に向けられるものがあると考えられます。よその子どもとのトラブルが起こる場面では、母親の内なる他者の目が、不快感情をもたらす一因となっていることが考えられるのです。そのくらい母親は、他者の目を気にしながら子育てをしていることがうかがえます。

②きょうだい間のトラブル

【エピソード5】 きょうだいけんか（4歳11ヶ月と3歳2ヶ月）
きょうだいけんかしてるとき。年も近いし、けんかはしょっちゅう。何が原因なのかもよくわからないけど、けんかをしているのを見ると悲しくなる。

きょうだいけんかの場合は、少し様子が異なるようです。エピソード5で母親が「悲しくなる」と言っているように、なぜもう少しうまく仲良くやれないのかというもどかしさが感じられます。

3人の子どもをもつHさんも、「どうして（歳が）離れているのに、3人団子でやるんだろう」と、イヤと思うときのひとつにきょうだいけんかをあげています。

Hさんのうちで起こるきょうだいけんかは、だいたい次のようなプロセスをたどります。まず兄が妹の使っているものを取る。取られたことに妹が怒る。なんで自分ばっかりと妹が兄に手を出す。一番下の子が「よせばいいのに」「遊びだと思って」参加してくる。そうすると兄には下の二人が邪魔になって、二人が兄にやられワーンとなって、「親が出ていかなくちゃ」ならなくなる。

親としては「一番上がもう少し大人になって、もっとけんかしないですむ方法を考えてほしい」とか、「真ん中も、もう少し頭を使えばけんかにはならないと思う」けれど、「まだ二人ともそこまではいっていない」と感じています。できるだけ自分たちで解決してほしいという思いは見えてきますが、そこに他者の目はありません。きょうだいのトラブルに対して不快感情をもつ背景には、きょうだいは仲良くしてほしい（家族仲良く）というシンプルな願いがあるのでしょう。

（2）母親と子どものやりとり

インタビューで語られたエピソードの多くは、母と子が直接やりとりをしている場面でした。

①疲れていると…余裕がないと…

子どもをイヤになる場面として語られたもののひとつに、母親の心身の状態や、おかれている状況の悪さがありました。エピソード6では、疲れているという母親の心身の状態が語られています。

【エピソード6】 母親の状態がよくない（2歳11ヶ月と7ヶ月）

下の子が大泣きしててそっちで必死だったり、夕方で疲れているのに、私の後をちょこちょこついてきたりすると『もーうるさい』と思う。同じことしても朝は笑っていられたのに、夕方同じことされると無性に腹が立ったり、頭に来たり。だからいつも余裕もっていないといけないなーっていうのは感じるけど。

Gさんはそういうときは「ほんとはいけないんだけど」とわかっていても、「叩いちゃったり」、「自分の理性がきかなくなるから」別の部屋に閉じこもったりしてしまいます。子どもがいたずらをしたときも、子どもには悪気がないとわかっていても自分のコンディションが悪いと腹が立ってしまうのです。そんな自分を「いいお母さんだったら『がんばったね』って言うんだろうけど」と反省しています。

Gさんに限らず別の母親も、自分の「コンディションが悪いとき」をあげています。自分の「体調とか精神状態が安定しているときとかは同じことしても腹が立たないこといっぱいある」のに、「コンディションが悪い」と腹が立ってしまう。「そういうのいけないなと思う」が「毎日のことだとそう耐えてはいられない」と言います。二人とも、自分の精神状態によって子どもへのかかわりが左右されるのは〝本当は〟よくないと語っていることに注目しておきます。

次のエピソードでは、忙しいという母親の状況が語られます。

【エピソード7】 忙しい（2歳3ヶ月）

忙しいときになんか要求したり。今トーマスが好きなんですけど、その本とか持ってきて、これ何これ何とか聞くんですよ。こっちは最初は少しの間だけならと思って答えてあげるんだけど、何回も同じこと繰り返し聞くんですよ。そうするとこっちもイライラしてきちゃって。暇なときならいいんですけどね、ご飯の準備とかそういう忙しいときにそういうこと言ってくるからね。

別のエピソードとして、「上の子が外に遊びにいくというときに下の子も一緒に行きたがる」というものもありました。「上の子だけなら問題ないが、下の子も行くとなると自分もついていかないといけない。ついていけるときは行くが、用事があるとそうもいかず、がまんさせることになる。」母親にはやるべきことがあるのに（あるときに限って）、子どもがそれを妨げようとするのです。「暇なときなら付き合うこともできるが、手が離せないときはそうもいかない。」親の都合なのですが、そうしないと「何もできなくなっちゃう」のです。

母親自身の状態や状況が問題となっている場面では、母親の資源の有限性が語られています。エピソード6では母親の心身の有限性が、7では時間の有限性が問題になっています。これらのエピソードでは、母親の資源をめぐる母と子のせめぎあいが起こっているといえるでしょう。

ここで資源とは、ソシオバイオロジー（社会生物学）の概念です。ソシオバイオロジーでは、子育てを親の資源の投資であると考えます。親が子どもを育てるのは、子どもが自立しやがて繁殖行動ができるようにするためで、投資がうまくいけば、子どもを通じて親の遺伝子が後世に残ることになります。投資は子どもの生存能力が低い小さいときは手厚くなされ、子どもが成熟すると軽減していきます。たとえば栄養摂取は、子どもが小さいうちは親が子どもに代わって摂取し母乳によって供給します。しかし無制限に子どもの要求に応じることはできないので、離乳が必要になります。また子育ては1回限りのものではないため、一人の子どもに多くの時間を割くことはデメリットになります。

人間の場合は、このように単純にはいきませんし、投資ということばに違和感をもつ人もいるかもしれませんが、無防備な状態で生まれる子どもの生存に親の資源投入が欠かせないのは事実です。特に「時間」という資源は、人間の子育てでは重要です。時間という限りある資源のもたらす葛藤は、「この子か次の子か」という葛藤もですが、ときに「この子か自分か」という構図で現れる（根ヶ山）からです。

さて、本書の議論に戻りましょう。心身の有限性が問題になっているとき、母親は、自分の心身の状態で受け入れられたり受け入れられなかったりするのは、〝本当は〟いけないと反省していました。そのことばからは、精神状態は自分次第でコントロールできる（しなければならない）と考えていることがうかがえます。実際にはすべて自分の自由になるわけではないし、心身の資源は無限ではありません（だからイヤになっているわけですし）。母親自身も有限性を感じているのでしょうが、有限性を主張することへのためらいが見られます。ためらいの背景には、養育者はいつでもどんなときでも、子どもににこやかに接しなければならないという信念があるように感じます。ただその信念は、母親を苦しめる反面、支えにもなっているのではないでしょうか。「母親だって人間だから」と開き直れないところに苦しさもあるし、開き直らないところで踏みとどまっているともいえます[2]。

一方時間の有限性が問題になっているときには、そのような反省の語りは見られませんでした。時間は誰にも平等にあるもので、その有限性を個人の力で増やすことはできません。「親の都合だ」ということはわかっていても、限りある時間のなかでやらなければならないことがあれば譲れないのです。しかし母親たちは、ただ仕方がないと開き直っているわけではありません。時間の有限性にかかわるエピソードで母親は「暇なときならいい」「行けるときは行く」と、いつも子どもの要求に応えていないわけではないと語ります。「行けない」ことは限定的な状況であることが語られるのです。譲れないのは限定された状況であると語ることによって、そうではない日常の存在を示唆していると考えられるのです。

②言うことを聞かない

「お子さんをイヤになるときはどんなときですか」ということばを投げかけたとき、母親たちからもっとも多く返ってきたのは、「言うことを聞かないとき」ということばでした。言うことを聞かない場面は、子どもに達成すべき明確な課題がある場面です。母親はそのような場面での無理な要求や不従順に対して不快感情をもちます。

【エピソード8】（4歳11ヶ月）

一回注意したことを守れないとき。玄関の戸を閉めなかったとか、テレビの電源をつけたままとか。（中略）したいことが先になっちゃう。ドアを閉めるよりも早く家のなかに入ってテレビみたいとかおもちゃで遊びたいとか、したいことが先になっちゃって閉めなきゃいけないとか考えてないんですよね。自分勝手と言うか。だから繰り返し繰り返し言っているんですけど、言うと「ハーイ」とかいいながら閉めに行ったりする。自分でも気づいて閉めに行ったりもするんで、言わなくてもわかるようにはなってきているんですけど、やっぱりめんどくさいというかしたいことが先ですから、ついついでしょうね。

【エピソード9】（3歳11ヶ月）

父親が早く帰ってきたときは父親が好きなんで、なかなか寝ないわけですよ。盛り上がっちゃって。お布団で寝かしてても1時間とか1時間半とか寝なくって、こっちは待ちくたびれちゃうんですよね。仕事もしなきゃいけないし、そういうのもあって早く寝てくれないかなと思いながら、まだかなまだかなと思って。

エピソード8や9は子どもに達成してほしい日常的課題が母親の側にあらかじめあって、それに対して子どもが言うことを聞かないというものです。エピソード8は、ドアを開けたら必ず閉めることをしてもらいたいという生活習慣にかかわる問題で、この他には「歯磨きをいやがる」というエピソードがありました。子どもはいやがっても「歯磨きをしないと虫歯になる」ので、親子の格闘が起こるのです。そのような子どもの不従順を、母親はどうとらえるのでしょう。エピソード8の場合、できるようになってほしいという養育者の思いはありつつも、「したいことが先になっちゃう」子どもの気持ちを理解しているようです。

エピソード9は、寝ない子どもについての語りです。寝ないという行動は一見子どもの不従順であるようでありながら、親の都合が見え隠れします。睡眠は親子の分離の契機となります（根ヶ山）。子どもが寝ることで親は自由の身となり、自分のしたいことができるからです。しかし子どもがいつまでたっても寝ないと自由にはなれません。子どもが寝ないことは、子どもにとっても睡眠不足や不規則な生活をもたらすのでよくないことですが、親も困ることなのです。その点では、「朝幼稚園に行く時間なのにぐずぐずしている」とか「なかなか着替えない」「ご飯を食べるのに時間がかかる」といったものも同様で、遅れると困るのは子どもだけではなく、親も困ることなのだと考えられます。

【エピソード10】（4歳6ヶ月）

幼稚園がはじまると朝なんかは時間ちゃんとしないと間に合わないいんですね。それでこっちがせかせかしているのに、なかなかぐずぐずしてダラダラしている。幼稚園がはじまったばかりのころは、気分的になんとなく幼稚園に行くのが気が進まなくてわざと着替えをしなかったりとか。

ただ親の都合が見え隠れする場合でも、親の都合を無理やりに押し付けようとはしていません。好きな父親が帰ってきて「盛り上がってい」たり、「なんとなく幼稚園に行くのが気が進まない」子どもの気持ちに言及したり、「のんびりしている」性格や注意力のなさなど子どもの属性に帰属しています。

あらかじめ達成すべき課題があるエピソードでは、〝してほしいことをしない子ども〟が語られています。これらのエピソードは、母親の要求が強い場面であると言えるでしょう。そんな子どもに対して母親はこうしてほしいという親の思いはありつつも、不従順の理由を子どもの気持ちや性格など子どもの属性に帰属することでとらえているようです。

③無理難題を言う

一方次にあげるエピソード11や12は、あらかじめ課題があるわけではなく、子どもの強い要求に対して課題が出てきます。ここで語られるのは、無理難題を言い、〝してほしくないことをする子ども〟です。

【エピソード11】（3歳2ヶ月）

喘息がひどいのに『水遊びをする』と言うんですよ。『具合が悪くなるからやめなさい』と言っても具合悪くならないと意地を張ってやるんですよね。私が見過ごしていたら、ちょっとやっただけですむような問題が私がやってはいけないと言ったがために余計にやるっていうか、そういうときは非常にいやですね。なんでこんなに心が通わないのだろうと思っちゃいますね。

【エピソード12】（2歳2ヶ月）

お店のなかで『これ買って』とぐずる。安い物で家にない物だったら買うけど、家にもあるし今こんなの買ってもというときは、次のお店にいいものあるよとかだましてその場を連れ去る。大声で泣いてるけどね。ほっておくと勝手に開けてるときもあるのね。箱から出して遊んでて、箱もビリビリだったりすると、もうしょうがないから買う。

エピソード11で子どもは自分の健康を害そうとするし、エピソード12で子どもは駄々をこねています。これらのエピソードで語られる〝してほしくないこと〟は、多くの人に共有可能な逸脱行為です。「意地を張って」「興味が先」と子どもの気持ちに言及しつつも、親としては子どもの要求を簡単に叶えることはできません。ただエピソード12のように、外出先での要求に対しては、場合によっては譲らざるを得ないこともあります。ある母親は「買っちゃえばすんじゃうかなというのもあるので、他の人の迷惑にならないかもしれない」と語っていました。子どもの要求を受け入れるかどうかではなく、他者に迷惑をかけるかどうか（他者の目）が意識されているようです。

子どもの達成すべき日常的課題のある場面では、してほしいことをしなかったり、してほしくないことをしたりと、親子の要求がぶつかり合っている様子が見えてきました。それは、〝いま―ここでどうするか〟というぶつかりあいです。それは親子の思惑が一致せず、ズレてバランスが崩れている状態と言えます。そのようなとき母親はズレの原因を子どもの気持ちや性格など子どもの属性に帰属していました。そうすることでバランスをとっているようです。ただそこに他者が入ってくると、バランスのとり方は変わるようでした。親子間の問題ではなく、親子と社会（他者）の間の問題となり、他者に迷惑をかけない方向に向くのです。

④〝これまで〟と〝これから〟を考えると

次にあげるエピソードの場合、これまでのエピソードのように特定の状況があるわけではありません。状況は関係なく「ベタベタしてくる」「いたずら」「口答え」といった行動に対して不快感情をもつことが語られます。

【エピソード13】甘えてくる（5歳11ヶ月）

近づいてベタベタしてくるときにやだなって思っちゃうんですね。嫌いじゃないんですけど、まとわりついてくるとやめてよーっていう感じになっちゃうんですよね。今まで甘えられない状況にあったんですよね。下の子がいたから、甘える暇がなかった。空いたころには、もう6歳になっていて甘える状況じゃなくなっていた。なんかかわいそうだなって思うんですけど、どうしようもないんですね。

【エピソード14】甘えてくる（6歳）

最近いろんなことがわかってきて、がまんをすることができるようになってきたんですけど、やっぱり子どもなのでその反動でベターっと甘えてくるんですね。そのベターっと甘えてくるのと静かにじーっとがまんしている差が激しいので、どう対応したらいいかわからないところがあって。（上の子が）ベターっときちゃうと、一番下がやきもちでこっちにベターっとくるので、二重のベターっがくるんですよ。そうするともう冷静に考えられなくなっちゃうんですね。2番目をかわいがらないとおかしくなっちゃうかなと思うけど、3番目の自己主張が強いので、どう対処していいかわからなくなってしまう。

【エピソード15】いたずら（1歳5ヶ月）

いまいたずらざかりなんで、行っちゃいけないところに行ったり、向こうは散らかしているつもりはないんですけど、すごい散らかすんですよね。そういう気持ちを大事にしたいっていうのもあって、鍵をかけたり全部移動したりするのもかわいそうだなと思って、やらせようと思うんですけど、やっぱりやられたあとはヤダなと思って片付けて。一日に5回も6回も家中掃除しなきゃいけない感じなんですよね。心ではわかっているんですけどね、やらせてあげたいんだけど、やらせたあとはがっかりですよね。仕事がまた増えたなって言う。

語りを見ると、母親に不快感情をもたらす行動は、母子の関係の変化（「甘える状況ではなくなった」）や環境が変わった（「お兄ちゃんが幼稚園に入った」）ことによる子どもの行動、ある時期に特有な行動（「いまいたずらざかり」）です。これらのエピソードは子どもの発達にかかわるものであると考えられます。さらに、これらのエピソードでは、そのような子どもの行動に「悩んだ」り、「わからなくなったり」、対応しあぐねていることが語られています。いずれのエピソードでも、母親は子どもの行動を受け入れることが難しいのです。しかし一方で、今子どもが示している行動は過去の自分のふるまいの影響なのではないか、また今応えないことで芽生えている発達の芽を摘んでしまうのではないか、後々になって何か悪い影響をもたらすのではないかと心配しています。だからこそ、はっきりとした態度がとれずに悩んでいるのでしょう。はっきりととらえることを保留していると言えます。母親の視野には〝今〟だけがあるのではなく、〝これまで（過去）〟から〝これから（将来）〟にわたる子どもの育ちが入っています。

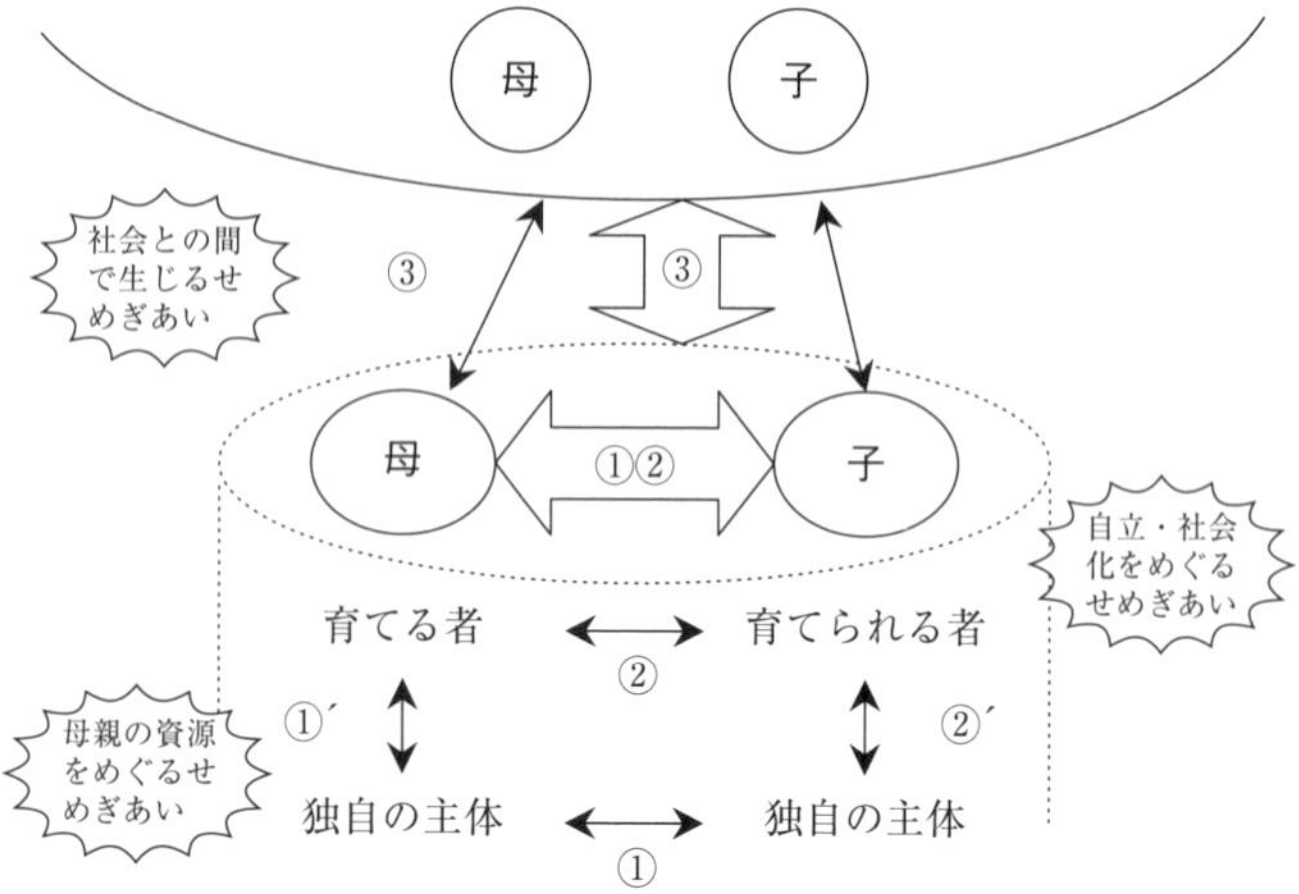

図1　不快感情が生じる育児の関係性

3　まとめ

（1）せめぎあう親子

子育てのなかで母親がどんなときに子どもに対して不快感情をもつのかについて見てきました。ここでは〝せめぎあい〟という観点から、改めて考えていきたいと思います。せめぎあいを3つにまとめ図示しました。

まずあげられるのは、母親の資源をめぐるせめぎあいです。母親は子どもに資源を提供する必要がありますが、すべてを提供することはできません。母親の資源の有限性が浮かび上がってきます。母親の資源をめぐるせめぎあいは、それぞれがひとつの「生（life）」を生きる主体と主体の葛藤のなかで起こっていると言えるでしょう（図の①）。母親の側から見ると、母親としてふるまうことによって母親の生が脅かされています。親としてふるまうべき自分とそうふるまえない自分です（図の①）。

もうひとつは、育てる者と育てられる者の関係のなかで生じるせめぎあいです（図の②）。母親は養育者として子どもに対しています。そこでは子どもの自立に向けた社会化、発達が問題となります。子どもの育ち（自立）をどう保障するか。思うがままにふるまおうとする子どもと、こうなってほしいという親の思いがぶつかり合うことになるのです。親の思いは〝いま－ここ〟の現在と、過去から将来にわたります。子どもの側に立てば、思うがままにふるまいたい自分と育てられる自分とのせめぎあいとなります（図の②）。

3つ目は、社会との間で生じるせめぎあいです（③）。たとえばわが子とよその子のトラブルが起こったとき、母親はよその子の母親など、社会の目を意識していました。社会から育てる者として見られる自分を意識しています。親と子、社会の三者の関係性のなかの葛藤で生じるせめぎあいです。育てる者として社会に向き合う自分と、子どもに向き合う自分とのせめぎあいであるとも言えるでしょう。子どもにもっとも近い存在だからこそ子どもの気持ちが理解できるのですが、養育者として子どもに向かわねばならないし、社会の目も気になります。母親は子どもの一番の理解者である一方で、子どもを社会に送り出す立場でもあるのです。

（2）目の前の事態をどうとらえて切り抜けているのか

せめぎあう現実をどのように切り抜けているのでしょうか。母親たちの語りに見られた目の前の事態の切り抜け方について改めて見てみます。

①親としてあるべき姿を語ること

母親の語りのなかには、「本当はいけないんだけど」「本当はこうしなきゃいけないんだけど」というものが見られました。また「暇なときならいいんだけど」と、子どもの要求に応えられない状況を限定していました。これらは、自分のふるまいに対する言い訳であり、本来あるべき姿を示しています。それはいつも余裕をもって、よっぽどでない限り子どもの要求に応える親の姿です。ただいつもそうふるまえるわけではなく、母親の資源にも限りがあります。だからといってすべてを投げ出して子育てをやめるわけにはいきません。本来あるべき姿を語ることで逸脱しそうになる自分の歯止めとなり、母親たちを踏みとどまらせることができるでしょう。またそのように語ることは他者に対しても意味があると考えます。逸脱していない自分を見せることで他者からの非難を避けることができるからです。

②子どもに原因を帰属すること

目の前の事態の原因を子どもの気持ちや性格など子どもの属性に帰属していました。子どもの気持ちや性格を親が変えることは難しく、子どもの属性に帰属することは、目の前の事態を、親の努力ではどうしようもないこととしてとらえていると言えるでしょう。非難されなくてすむし、無力感を中和することにもなります。

③保留すること（白黒はっきりつけないでおくこと）

目の前の事態をどうとらえるかどうしたらいいかわからないので、保留の状態にしておくこともありました。保留の状態とは、白黒はっきりつかないグレーの状態であると言えます。そもそも子育てはこうすればよいという唯一の正解があるわけではなく、白黒はっきりつかないグレーのことが多いでしょう。はっきりと決めつけないことは、自分の対応の幅や子どもの育ちの可能性（余地）を残しておくということになるのではないでしょうか。

（3）イヤになることの意味

①親子の間のズレを調整する

不快感情をもたらす状況は、親子の思惑が一致していない、ズレている状態であると言えます。子育てを続けていくにはズレを調整する必要があり、（2）で示した目の前の事態の切り抜け方はズレの調整の方法であると言えるでしょう。ズレを調整するということは、育児が方向づけられるということです。子どもの気持ちや育ちを確認することによって明日も育児をするための情報が増え、自分のかかわり方を内省することでかかわり方が安定し、改善されるのです。

親子の間にあるズレは、快感情を感じるなかでは意識することはないでしょう。もちろん、快感情を感じることとそれ自体が明日の育児を動機づけます。しかしズレを意識しなければ、調整することはできません。親子といえども、別々の生を生きる存在であることを考えれば、両者の間にあるズレを認識することが育児のなかで果たす役割も大きいと考えます。

②親としての発達

不快感情のようなネガティブな経験が親の発達に寄与している部分も多いと考えられます。たとえば幼児をもつ親に子育てへの思いや親となったことによる変化を尋ねた柏木らの研究では、父親より母親のほうが子どもや子育てに対してアンビバレントな思い（プラスとマイナスが同時に存在する感情）をもっていましたが、親としての成長発達も強く感じていました。母親が子どもや子育てについてアンビバレントな感情をもつということは、子どもとの抜き差しならない現実を生きているからであると言えるでしょう（父親に関しても、子育てにコミットしている父親ほど親としての発達を感じているようなので、同様のことが言えそうです）。そのような経験が、親の発達につながると考えられます。

親としての役割への適応は、持続的で積極的なプロセスであると言えます。決して子どもをもてばすぐ身につくというものではないのです。その意味で不快感情を経験すること、抜き差しならない現実を生きることは、親としてのふるまいを身につけるひとつの契機であると考えられるでしょう。

次章では、初めて子どもをもつ母親を対象にした縦断研究から、どのようにして親として適応していくのかについて検討します。

【注】

［1］インタビューの場は協力者と調査者の共同によって構成される場であるにもかかわらず、いったんデータをとってしまうと、そのことが見過ごされがちです（澤田）。インタビューの場が両者の相互作用の結果であることを意識し、両者の関係性がどのように構築されたのかについても述べることが大切であると考えます。

［2］開き直るのはよくないと言っているわけではありません。『良いおっぱい悪いおっぱい』など自らの子育てを赤裸々に描いている詩人の伊藤比呂美は、「子どもはかわいくない」と公言しています。それはある意味開き直っているように感じますが、それは一人の人間として向き合うことを意味しています。大人としての権威を、ある意味放棄することです。そうではなく、開き直ってかつ権威を放棄しないのが虐待なのではないでしょうか。

4章　初めて子どもをもつ場合

子どもに対する不快感情は、生後すぐから経験されるのでしょうか。

前章では、幼児をもつ母親にインタビューを行い、子どもに対する不快感情は子育てという我が子との抜き差しならない現実のなかでだれにでも経験されること、また、それは他者の存在や子どもの発達に関わっていることが明らかとなりました。そこで子どもに対する不快感情は子どもの発達に伴ってどのように変化するのかを明らかにしたいと考え、初めて子どもをもつ家庭を対象にした縦断研究を行いました。

この章では、その縦断研究に基づいて、初めて親になる女性がどのように子どもへの不快感情を経験しているのかについて述べていきます。

1　親になるということ

(1) 親になることによる変化

子どもが生まれるということは、人生のなかで重要な出来事のひとつだと言えます。親になることによって、さまざまな変化が生じます。女性は妊娠(出産)という身体的変化をまず経験します。それまでの夫婦二人の生活に子どもが加わると、夫婦関係も変化します。男性は妊娠(出産)という身体的変化を直接感じるわけではないので、夫と妻それぞれが感じる思いの間には微妙な差異もあります。親になることによって、自分の幼少期を振り返ったりして自分の親との関係も変化するでしょう。変化はそれだけにはとどまらず、会社や地域など社会との関係にも及びます。知り合いの女性は産後初めて行った病院で「お母さん」と呼びかけられているのに、しばらく自分のことだと気づかなかったそうです。社会から一人の子どもの親として見られるようになることも、大きな変化のひとつであると言えるでしょう。

親になることによる変化は人間関係だけではなく、考え方にも及びます。それまで関心のなかったことに目を向けるようになったり、生き方を見直す必要も出てきます。ある女性は妊娠してから子どもの姿に目がいくようになり、近所に子どもがたくさんいることに気づいたそうです。またある男性は、新聞やテレビのニュースで子どもに関するものに関心をもつようになったといいます。「育児は育自」と言われますが、人は親になるという経験を通して、自らの変化や成長を感じることもできるのです。

ただそのような変化、特に精神面での変化〔成長〕は、生物学的な親になれば自動的に生じるわけではありません。子どもを育てるということは一人の人間の命を預かるということであり、そこには当然緊張や責任がつきまといます。またこうすればよいという、万人に共通の正答があるものでもなく、どうなるかの予測もつかないので、〝これでいいのだろうか〟という不安もつきものです。昼夜関係なく泣く子どもに付き合うため、生活スタイルそのものも変える必要があります。そのような一筋縄ではいかない日常を過ごすなかで、親になることによる成長や発達を感じるのです。実際子どもの世話を引き受けることの多い母親のほうが、親になることによる成長や発達を強く感じていると言われます。

さらにそのような親への移行のプロセスは、一時的なものではなく、持続的なものです。氏家は母親としての発達課題を、「単に子どもの発達を保障したり促進することができるような技能や能力を身につけること」ではなく、「むしろ、つぎつぎと変化する子どもという現実に、そのつどそのつどうまく適応し、子どもの発達レベルや状態にあった対応をすることである」と述べています。その点で、親たちが日常の育児のなかでどのようなことを経験し、それを受け止めているのかについて、時間を追って検討していくことは意味あることだと考えます。

(2) 親になるプロセスとイヤになること

この章では、共同研究者と行った縦断研究に基づいて、初めて子どもを出産した女性がどのように不快感情を経験し、その事態を切り抜けているかについて検討します。3章で明らかにしたように、母親たちは不快感情を契機に子どもの育ちや自らのかかわりを振り返っており、それが親としての発達の契機にもなります。

親となることは大きな喜びであると同時に、一人の人間の命を預かることへの緊張感や不安ももたらします。また子どもの誕生後母親の生活スタイルは大きく変化し、一時的にせよ、生活時間が混乱することが考えられます。自分の時間の多くを子どもの世話にあてることになり、子どものことと自分のこととどちらを優先させるか、てんびんにかけなければなりません。そんな日常のなかで子どもへの不快感情をどのように経験し切り抜けているのか、切り抜け方を明らかにすることで、初めて母親になる女性がどのように子どもとの生活に適応していくのかを記述することができると考えます。

具体的には、子どもの誕生後2歳になるまでの変化を追います。子どもが生まれてしばらくの期間は子どもとの間に信頼関係を形成したり、社会関係や生活時間の変化に適応していく時期であると言えます。2歳になるころから子どもたちは自己主張を始めます。子どもの自己主張は自我の芽生えとしてとらえられ、親子関係も大きく変化すると考えられます。以上のことからこの章では、子どもが生まれてから2歳になるまでを親になることのひとつの区切りとしてとらえ、検討していくこととして、2歳以降についての変化は次章で検討することにします。

(3) インタビューについて

①インタビューの概要

この章は、2章で紹介した縦断研究プロジェクトへの協力を応諾してくださった29名の母親に行ったインタビューに基づいています。協力者の出産時の平均年齢は30・7歳（26〜39歳）、全員第一子（男児16名、女児13名）でした。29名のうち、5名の母親はフルタイムで就業しており、子どもが1歳になるまでの間に職場復帰をしました。

インタビューは生後0ヶ月から子どもが2歳になるまでの間、3ヶ月ごとに計9回にわたって行いました。ここでは質問のうち、「○○ちゃんのことをイヤだと思うのはどんなときですか」に対する母親の語りを中心に見ていくことにします。3章同様、母親が不快感情を感じる出来事についての語りをひとつのエピソードとして、0ヶ月から2歳までの全インタビューで得られた519のエピソードをもとにしています。

②筆者と協力者との関係

筆者と協力者との関係は、3章で紹介した研究とは異なっています。3章の調査をしたとき、著者は、子育てについては右も左もわからない状態でしたが、この縦断研究では、お母さんたちは全員初産婦であり、子ども（一般）についての知識は筆者のほうがもっていたと言えるでしょう。そのため、相談とまではいかないにしても、しばしば質問を受けました。3章の調査時には、質問はほとんどされなかったのとは対照的です。

その関係性の違いにはじめは戸惑ったのですが、研究を進めるうちに、そんな心配は無用になりました。子どもが生後6ヶ月を過ぎるころになると、多くの親は子どもとの生活リズムができあがり、我が子のことをよくわかるようになってきます。そうすると、親にしかわからないことが増えて、筆者には太刀打ちできない（○○ちゃんのことはお母さんが一番よく知ってぃる）と思うようになり、関係が変化していったのです。そこで形成された関係は、どちらかが一方的に相手の知らないことを教えるというよりも、互いに知っていることを教え合うような関係でした。

2　どんな行動をイヤになるのか

（1）不快感情をもたらす行動と生後2年間の変化

まず母親たちはどんな行動に対して不快感情をもつのか、その全体的な傾向を探るために、すべての月齢のエピソードにおいて母親が語った子どもの行動を、表3のようにまとめました。

不快感情をもたらす行動としてもっとも多く語られたのは、「自己主張」で、次いで「いたずら」「泣く」「睡眠」が続きます。母親の不快感情の多くは、子どもの側からの主張や抵抗に対して生じていることがわかります。

続いて、月齢によって語られる行動の内容にどのような変化があるのか、図2に、表3に示した12の行動領域の2年間の推移をまとめました。またそれぞれの月齢における具体的な行動の内容について表4にまとめました。

0ヶ月、3ヶ月時は「泣く」「睡眠」が全体の7割以上を占めています。6ヶ月になると「泣く」「睡眠」が減少し、『後追いをする』などの「愛着要求」、『オムツ替えをいやがる』といった「自己主張」、『家事育児と仕事のバランスをどうするか』『疲れる』などの「母親自身に関すること」が増えます。9ヶ月になると子どもの「いたずら」に関する語りが多く見られるようになります。18ヶ月以降は「泣く」「睡眠」が減少し、「自己主張」「愛着要求」が増加し、24ヶ月には「自己主張」がその月齢の4割近くを占めています。

表3　母親が不快感情をもった子どもの行動領域と定義

行動領域	定義と内容	頻度	%
泣く	泣くこと	76	14.6%
睡眠	寝ること（夜泣きは、寝ている子どもが泣いて起きてしまうことであることから寝ることとした）	87	16.8%
食べる	授乳や離乳食を食べること、食事場面に関すること	39	7.5%
排泄	排泄に関すること	18	3.5%
愛着要求	後追いや抱っこを求めるなど愛着に関係する行動	42	8.1%
いたずら	禁止されていることをするなど、ルールを逸脱する行動	79	15.2%
自己主張・反抗	働きかけを拒否したり、自分のしたいことをアピールする行動	103	19.8%
友だちとのトラブル	友達やきょうだいとのトラブル、関係性に関わる行動	11	2.1%
病気	風邪などの病気	13	2.5%
問題行動	噛む、指しゃぶりなど	11	2.1%
母親自身に関すること	自分の時間がない、など母親自身に関すること	25	4.8%
その他	上記以外のもの	15	2.9%
計		519	100%

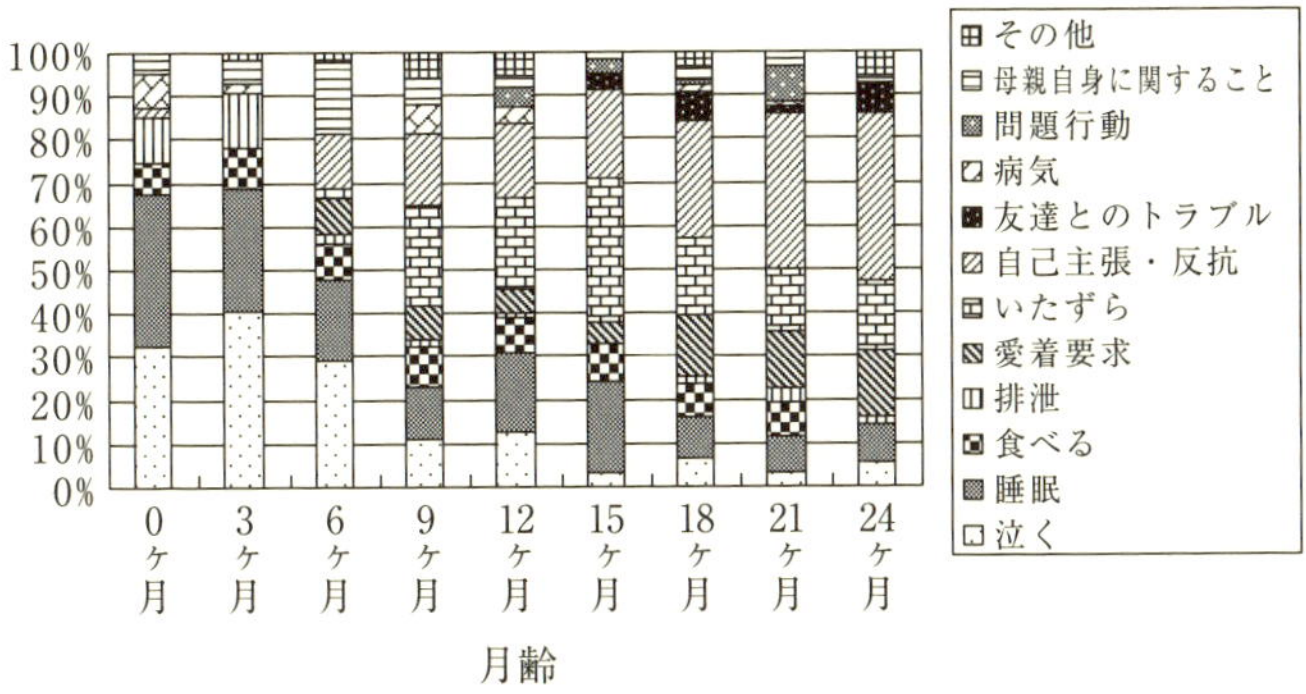

図2　表3に示した12の行動領域の2年間の推移

表４　不快感情をもたらす行動についての語りの内容の変化

行動領域	0ヶ月	3ヶ月	6ヶ月	9ヶ月	12ヶ月	15ヶ月	18ヶ月	21ヶ月	24ヶ月
泣く	泣き止まない なんで泣いているのかわからない	泣き止まない わけがわからなくて泣いている 外出時に泣かれる 忙しいときに(限って)泣く	わけがわからなくて泣いている 外出時に泣かれる 忙しいときに(限って)泣く お風呂で泣く 爪切ると泣く	思うようにならないと泣く	ぐずる 外出中のぐずり、泣き かんしゃくおこす	ぐずる	外出先でぐずる		外出中に泣く 思い通りにいかないとぐずる
睡眠	なかなか寝てくれない 夜中起こされる 夜中に泣く	眠れなくてぐずる 長く寝ない 夜泣き	なかなか寝ない 夜泣き	寝ない 朝方起きる 夜泣き	なかなか寝ない 夜に起きる	なかなか寝ない 夜泣き 寝起きが悪い	夜泣き	なかなか寝ない 夜泣き	寝ない 夜起きる 夜泣き
食べる	おっぱい飲まない	ミルク飲まない 遊びのみ 食べ散らかし	食べない 食べ散らかし おとなが食べているものをほしがる	食べない 食べ遊び	食事中落ち着かない ご飯食べていると邪魔する おっぱい	食べない 食べ散らかす	ミルクやめられない	食事をひっくり返す おっぱいやめられない お菓子ばかり食べる	食事中落ち着かない
愛着要求			後追い ひとみしり	後追い ママじゃないとだめ	後追い 忙しいときにまとわりつく ひとみしり	忙しいときに抱っこ ママじゃないとだめ	忙しいときに抱っこ	忙しいときに抱っこ ひとみしり ママじゃないとだめ	抱っこせがむ 母親の不在を怒る ママじゃないとだめ パパいやがる

いたずら			いたずら	いたずら してはいけないことをする 目が離せない	いたずら してはいけないことをする	いたずら 目が離せない	いたずら してはいけないことをする 危ないことをする	いたずら 危ないことをする	いたずら してはいけないことをする 目が離せない
自己主張・反抗			オムツ換えいやがる	オムツ換えいやがる ベビーカーいやがる	オムツ換えいやがる ベビーカーいやがる	オムツ換えいやがる ベビーカーいやがる 同じことを何度も繰り返す 外出先で落ち着かない お風呂で落ち着かない 謝らない	同じこと何度もする 好き嫌いの主張 自分でしたがる 悪いことを真似する	謝らない わがままをいう いうこときかない ゆずらない	歩かない 外出先で落ちつかない 自分でしたがる いうこと聞かない イヤ、だめ 思い通りに行かないとすねる
友達とのトラブル						友達を噛む		友達を噛む	友達を噛む 友達とうまく遊べない
病気	しゃっくりがとまらない 病気になったらどうしよう		風邪	風邪 便秘 湿疹					
問題行動					噛む ゆびしゃぶり	噛む ゆびしゃぶり	噛む	噛む 顔をたたく	
母親自身に関すること			家事や育児がおろそかになる 疲れる	やりたいことがすぐにできない 仕事ができない	自分の時間がない				

領域ごとに語られた内容をできるだけ語り口を生かすように示した。同じ内容のものは同じ行にくるようにした。

（2）子どもの発達に応じて変化すること

図2と表4を見ると明らかなように、母親が語る不快感情の内容（イヤになる子どもの行動）は、子どもの発達に応じて変化しています。その内容の変化から、子どもが発達していく様子が手に取るように見えてくるようです。一見あたりまえのように思えることが、非常に大切であると考えます。このことはイヤになることについての語りが、子どもの発達と不可分であるということを示しています。対照的に、「○○ちゃんのことをかわいいと思うのはどんなときですか」という質問に対する答えは、語られる内容が「イヤになる」ことほど子どもの成長に伴って変化することはなく、どの月齢でも「寝ているとき（寝顔）」「笑っている（笑顔）」というような内容が比較的多く語られていました。「○○することができるようになったので、○○しているとかわいい」という発達に伴う変化が語られることもありますが、「できるようになった」事実が語られるだけで、語りの内容としては「できない」「できなくなった」ことが語られる「イヤになること」のほうが豊かです。

不快感情の内容が子どもの発達に応じて変化したり、その内容が豊かであるということは、不快感情が親子のせめぎあいのなかで生じるということを考えれば当然のことと言えます。不快感情は「いまどうするか」という、抜き差しならない現実のなかで経験されているのです。

(3) 具体的な行動

次に母親が不快感情をもった行動を個別に検討していきましょう。具体的には、表3のうち全体の頻度が5%に満たない行動領域を除いた「泣く」「自己主張・反抗」「寝る」「食べる」「愛着要求」「いたずら」について考察していきます。

① 「泣く」「自己主張・反抗」

「泣く」は、生後半年まで比較的多く語られた行動です。「泣く」ことによって、子どもは養育者を自分のもとに引き寄せます。エピソードで語られるのは「泣く」タイミングの悪さや、「なかなか泣き止まな」かったり「大泣き」する子どもたちの様子でした。

【エピソード16】（0ヶ月）

ぐずったとき。どうしても夕方と朝が。オムツを替えても、ミルクをあげてもダメだったりして。〈どうしてですか？〉たぶん、眠たいのに寝れないのかな。夕方とか炊事の音とかうるさくて。

【エピソード17】（3ヶ月）

やっぱりこっちが機嫌よくしててほしいときに限って泣くじゃないですか。夕飯の仕度をしたいときとか。洗濯がもうとっくに脱水が終わってても干したいのになかなか干せなかったりとか。そういう。あとご飯食べようかなと思うと泣きはじめたりとか。タイミングが悪いんですね。（中略）やっぱりほっとかれると甘えたいんですかね。だから泣くっていうより、フンフンフンとかって。ぐずるような感じ。

【エピソード18】（6ヶ月）

狂ったように泣く（中略）やっぱ狂ってるように泣いてるときが一番イヤだな。やめてよとか思っちゃう。だから、私はもう時間的におっぱいのみたいのかなあっていう時間帯に泣きはじめて、大泣きになっちゃって、いくらねえくわえさせても、吸わない。なんかもう自分がなんで泣いてるのかわかんなくなっちゃうくらい、狂ったように泣いてる。一番困る。

子どもが「泣く」と、養育者は何かしら対応しようとします。泣き止んでほしいのに、どうしたらいいかわからなくなったり、手が離せないときだったり、手がつけられないほど泣き喚いていたりすると不快感情を抱くのです。

図2を見ると、月齢があがるにしたがって「泣く」に関する語りが少なくなり、代わって「自己主張・反抗」の語りが目立つようになってきます。

【エピソード19】（9ヶ月）
ウンチ、取り替えさせてくれない。〈寝返りして？〉うん、もうね……座って寝てね、取り替えたこと最近ないの。もう立ったまんまで。で、もう立ってる間にこうお尻をやって。ねっころがらせると泣いたりとかね、するから……。ウンチつけたまんまどっか行っちゃうし。

【エピソード20】（18ヶ月）
やっぱり欲求がわからずに泣き叫ばれるときが困りますね。特にベビーカーなんかに乗ってるときに大抵降りたがるんですけど、降りたがってもこのくらいの幅のベビーカーからこんな体を出して道の歩道を歩いてるときにされると、車ぶつかったりしそうな雰囲気なのですごい困ったなと思います。歩きたいんだか、今の公園で止まって遊んでほしいんだか、今日は外に出たくない、保育園に行きたくないときとか、すごい大騒ぎしたりすることがあるので。

【エピソード21】（21ヶ月）

我を通すっていうか、「これー」みたいので、「これがやりたい」とか、食事でもおいしいものが出ちゃうと、「これはヤダ、えー」みたいな。あるものガーンと投げ飛ばし、ジャーとか。わざと下に落として、ないからそっちとか。食事とかね、私ムッとくることが多い。すごいの、とにかくもう、気に入らないと投げ飛ばすし。

【エピソード22】（24ヶ月）

ノーのときが、手をつけられないほどワーンって泣いたりとかする。洋服着替えるにも前はさっさと着替えられてたけど、抵抗するようになったから、それが困りましたね。〈手をつけられないときって何をやるんですか？〉たとえば、このイスを移動させてしまってビデオを見てたんだけども、席に座らないで見てたから、席に座って見なさいと言ったら、別に理由もないんだけども「やだやだやだやだやだ」ってもう泣いてしまって。

生まれてからしばらくの間、子どもは「泣く」ことで自分の状態を養育者に伝えます。それは意図的なものではなく、子どもの「泣き」に養育者が反応し、解釈するというかたちで成り立っています。それが9ヶ月ごろになると子どもの意思や意図がはっきりとしてきて、より具体的な要求をするようになります。食事場面の観察を通して子どもの自己主張性の発達について検討した川田たちの研究では、10ヶ月前後に子どもが母親に食べさせるという役割交代が現れ、同じ時期に自己主張的行動が増加することが明らかになっています。それは受け身的だった子どもが能動的になることを示しています。「泣く」ことは自発的な行動ですが、不快な状態を示す生理現象として（自分でコントロールすることはできないもの）とらえられ、養育者はその状態を解消しようとします。一方「自己主張・反抗」は、その源となる主体の存在がはっきりとしています。「泣く」の減少は主体としての子どもが現れてきたことによるものであり、それに代わって「自己主張・反抗」が語られるようになるのでしょう。

「自己主張・反抗」はもっとも多く語られた行動でした。もっとも早いもので6ヶ月ごろから「オムツ替えをいやがる」など子どもの抵抗が語られるようになり、18ヶ月になると顕著にあらわれてきました。6ヶ月から15ヶ月までは「いやがる」といった抵抗する子どもの様子が語られていますが、18ヶ月以降は自分でしたがる、好みの主張といった子どもの様子が語られます。

②「睡眠」

「睡眠」は、18ヶ月以降減少するものの、2年間を通して常に語られるテーマでした。具体的には『寝ない』ことに対して不快感情をもっています。

【エピソード23】（0ヶ月）

こっちも疲れてきたりするので、なかなか寝なかったりすると、そういうときは早く寝てくれないかなと思いますけど。〈どうしてなんだろうって考えます？〉いや別に特には、そういうときもあるんだろうなって考える。

【エピソード24】（3ヶ月）
まあ……やっぱしちょっと夜寝てくれない。いやなんかね、グズグズしてそのうちすーっと寝るんですけど、必ずなんか30分後にまたがーっといきなり泣き出して。で、あやすと、またすーっと寝るんですけどね。そうするともう一回なんかはかったみたいに30分後にまたぎゃーっと。

【エピソード25】（9ヶ月）
ここ何日かなんか夜眠るのが遅くて、っていうか寝つきが悪い、なかなか寝ないんですよ。それまでは9時ごろからもう寝ちゃってるんですけどね、それがなんかね寝なくなって、とにかく部屋中を徘徊するっていうか、こうやってまわって、いろんなもの触って、で飽きるとその辺でパタッと寝ちゃう。最近はほったらかしにして、まあもの全部なくして（片づけて）、ほっとくといつのまにかその辺で寝てるって。10時とか11時まではなんかやってるんですよ、こそこそ。

3章でも述べたように、「睡眠」は親子の分離の契機です（根ヶ山）。子どもが寝ることで親は自由になれます。つまり『寝ない』ことは、いつまでも子どものそばにいなければならないことを意味するのです。「睡眠」がもつそのような機能によって、『寝ない』ことがいつまでも不快感情の対象になるのでしょう。さらに興味深いのは、かわいいと感じる子どもの姿として『寝ている』こと（とくに寝顔）が非常に多くあげられていることです。『寝ない』子どもはイヤだけれど、『寝ている』子どもはかわいいと感じられます。かわいいと思えるのは親子の分離が完了しているからとも言えます。親子関係のダイナミズムが「睡眠」に現れていると言えるでしょう。

③「食べる」

全体的頻度は少ないですが、月齢を通して語られました。内容としては、食べない（おっぱい・ミルクを飲まない）こと、食べ方の問題が多く見られました。

【エピソード26】（9ヶ月）

最近あんまり食べなくなっちゃったのが……なんか食べさせてあげたいんだけど、何を作っていいのかわからない。（中略）なんか食べたってだけで、「あ、ちょっと安心」て自分もね、安心するからね。

【エピソード27】（12ヶ月）

食事するときに椅子に長く座ってないですよ。10分くらいが限界、だいたい。結局立ってる状態で親が口に運ぶとか、遊び出しちゃうので、引っ張ってきて膝の上に乗せて食べさせたりとかそういう。食事のスタイルはこれに座ったらご飯だよ、とかいうしつけが難しい。ご飯、それが悩み、ていうかしつけ。食事のときにこの子の好きなテレビをつけないと、ちっともじっとしてないっていうか、おもちゃのほうに行っちゃうんです。立ち上がってウロウロしちゃうんで。テレビつけるとそれに夢中になってるから、じっとしていてスプーンが触れば口を開くっていうあれになっちゃってるんですけど、それはまずいんですけど、でも食べさせなきゃいけないんで。量を食べさせなきゃ、て思うんですけど。

食事は子どもの健康に直結しますし、しつけの問題もかかわります。その点食事場面は日常生活のなかで、養育者と子どもの間に葛藤がおきやすい場面と言えます（根ヶ山）。生後1ヶ月から3歳までの乳幼児をもつ母親の育児上の心配事を検討した神庭・藤生の研究においても、食事についての相談は継続してみられるものでした。食への母親の関心の高さがうかがえます。

④「愛着要求」

6ヶ月ごろから語られ、18ヶ月以降再度増加しています。6ヶ月ごろはひとみしりや後追いなど母との関係性ができてきたことを思わせるもので、18ヶ月以降は「ママじゃないとだめになった」など、母親との接触を強く求めようとするものでした。

【エピソード28】（6ヶ月）

後追いする、私が見えなくなったら泣いてしまう（中略）私が手が離せないときとかに、もうちょっと一人遊びとか、もうちょっとがまんできたりとか。もうちょっとわかってくれたらな。まだその何っていうこうものごとを理解できないからしょうがないんですけどね。

【エピソード29】（21ヶ月）

最近妙にママっ子になってきて。具合が悪いときだったからかなぁ……。ママだけのね。〈どういうときにですか?〉どういうときだろう……わりと普段、ベタベタと。〈それはパパと比べて?〉パパと比べてそうだね。パパがよくふざけてね、「じゃあ今日パパと寝ようか」とか言うとね、「ダメ、ママと!」とか言って。あとやっぱり泣きはじめるとダメ。おじいちゃんおばあちゃんもダメだし、パパもダメだし……。皆がっかりしてた、かわいそうなのに。昔はそんなこと……前はなかったんだけどね。

生後6ヶ月ごろというのは特定の人物との関係が確立していく時期であり、18ヶ月ごろは、子どもの分離不安が再燃し、母親への接近要求が強まる時期といわれます。このような子どもの行動は、発達理論などから考えれば当然のことであるように思われます。ただし、ここで確認したいのは、これらの行動に母親は不快を感じているということです。この「愛着要求」は「睡眠」同様、「かわいい」と感じる行動としても語られたものです。自分を求めてくる子どもを愛おしいと感じる一方で、受け入れられないとも感じているのです。子どもの愛着行動に対する母親のネガティブな反応に驚く方もおられるかもしれません。しかし少し見方を変えると、このような反応が子の自立を促す機能をもっているとも考えられるのです。根ヶ山は、ヒトも哺乳類であるという前提から、子育てを「子別れ」としてとらえようとしています。子別れとは、動物行動学で使われてきたことばで、ある程度成長した子どもに対して親が冷たい仕打ちをし、それをきっかけに子どもが親元を離れていく過程のことを言います。根ヶ山によれば、発達に伴い子どものことをわずらわしいと思うようになるのは生物学的には当然のことであり、それは子どもの自立につながる行動なのです。

⑤「いたずら」

9ヶ月ごろから語られています。運動機能の発達に伴い、子どもは行動範囲が広がりいろいろなものに興味を示すようになります。しかしそれは子どもの身体を危険にさらしたり、環境を破壊することでもあるのです。

【エピソード30】（9ヶ月）

イヤだなぁはやっぱりいたずらかなぁ。あの手の届くところに置いてあるからしょうがないんですけど、でもなんか言ってもわかんないじゃないですか。もう早くわかってほしいなぁと思って。

【エピソード31】（15ヶ月）

お財布をいじられるとか。あ、あと、最近ちょっとねものを投げたりするから、それがイヤだなぁ。投げていいものと悪いもののたぶん区別がつかないんだろうなぁ、なんか重たいもの、ま、風船とか投げたりとかボール投げたりするのはいいけど、他のおもちゃとかばーんとかいって投げたりして、そういうのは困ったかなぁ。で、ダメって言っても、わかってないかもしれないですけど。

ここまで行動別に検討してきました。

次に生後2年間の間に親子はどのようなことを経験しているのか、検討していきましょう。

3　生後2年間の変化

（1）誕生～6ヶ月ごろ――〝わからない〟から〝わかる〟へ

①なんで泣いているのかわからない

0ヶ月時に特徴的だったのは、「わからない」という語りでした（32エピソード中8）。出産すれば自動的に親としての行動様式が備わるわけではなく、おっぱいをあげても、オムツを替えても、抱っこしても泣き止まないわが子を目の前に途方にくれ、ときに「病気なのでは」と不安を感じます。育児で「もっとも心配だった時期」を尋ねた服部・原田の調査でも、「退院直後」「1ヶ月」という回答がもっとも多く、そのような不安や心配がこの時期の特徴であることがうかがえます。

【エピソード32】（0ヶ月）

今は泣いて泣き止まないときですよね。泣くのは仕方がない。赤ちゃんだしね。泣くのはいいんだけれども、全身なんか顔から全部真っ赤になって、火がついたように泣く。どうしてそこまで泣いちゃうのかなっていうのはありますよね。オムツを替えたりして気持ちよくなったりして泣き止むとかだったらいいいんですけど、泣き続けるとどうしてだろうと思いますよね。

【エピソード33】（0ヶ月）

イヤだなぁと思ったときはね、なんで泣いてるのかわからなかったときはやっぱり……「ああ、どうして泣いてんのかなぁ」って。なんかこう……オムツ取り替えてもね、おっぱいあげても、なぜか泣いてるときっていうのがあってね。それでなかなか寝ないの、そういうときって。そういうときどうしてかっていうのがわからないと、「なんか病気じゃないかなあ」とかって不安になったりとか。（中略）そのときはもういろんな何ていうんだろう、育児雑誌とかね、見て。で……病気じゃないかとか思ったりもね。

しかし、母親の心身にも限界があるのでずっと付き合っているわけにはいきませんし、子どもの世話以外にも家事などやるべきことはたくさんあります。それでも、生まれたばかりの子どもに昼夜は関係なく、「オムツを替えたところにすぐうんちをしたり」など、段取りどおりに事は運びません。「2時間でいいから寝てほしい」「しゃべればいいのに」と、叶わない要望を訴えずにはいられない、葛藤する母親の姿が浮かび上がってきます。

【エピソード34】（0ヶ月）

うーん、眠いときなんか（ぐずりが）でると「もうちょっと寝てて！」って。「もうちょっと寝ててくれるといいんだけどなぁ」って思うんだよね。で、おぐずりしちゃうときね、何がしてもらいたいんだかわかんなくて困っちゃうんだよねー。お尻もキレイだし、おっぱいもあげたのになんであなたは泣いちゃうのって。しゃべればいいのにとかって思う。

②消極的受容

それでも泣いている子どもをほったらかして子育てを投げ出すわけにはいきません。母親たちはなんとか現実と折り合いをつけるために、「赤ちゃんだから泣くのは仕方がない」「赤ちゃんなんてそんなもの」と、一般に子どもについて言われていること（信念）や子育て書・雑誌、第三者からのアドバイスを持ち出してきたり、それを引き受けるのは自分の「使命」「仕事」と消極的に受け入れようとしています。

【エピソード35】（0ヶ月）

うんちかな。今替えたと思ったところにまたすぐしちゃうときがあって、このーって思うときありますね（笑）。今ほんとにきれいにしたのにまたもうすぐしちゃって、またすぐ取り替えるって。それ3連続くらいでやるときがあるんでさすがにやになっちゃって。（中略）赤ちゃんなんてそんなもんなのかなっていう感じで。

【エピソード36】（0ヶ月）

夜ですね。夜の突然の起きなきゃいけないとき。うぎゃーとか言われるとしかたないですね。使命ですから。

【エピソード37】（0ヶ月）

おしめ替えてるときにうんちゃおしっこ飛ばされる。（中略）今は実家にいるからいいけど、家に帰ったら大変。今は余裕があるから楽しいけど、家に帰ったときのこと考えると大変そう。しょうがないですね。お仕事だから。

これらのエピソードから、目の前の現実をコントロールできないものとしてとらえ、積極的ではないにせよ、引き受けようとする母親の姿が見えてきます。

③〝赤ちゃん〟と表現すること

ところで、例にあげたいくつかのエピソードでも〝赤ちゃん〟ということばが出てきました。〝赤ちゃん〟という表現はこれ以降ほとんど見られず、0ヶ月に特徴的なことでした（0ヶ月は7エピソード、以降は1～3）。インタビューの語りを読み返したとき、この時期だけに見られる〝赤ちゃん〟という表現はとても不思議でした。わが子のことをなぜ〝赤ちゃん〟と呼ぶのだろうと。

そこで考えたのは、この時期の母親にとって、目の前の子どもは、〝わが子〟と言うにはまだちょっと遠い存在で、〝赤ちゃん〟ととらえることによって目の前の事態を乗り切ろうとしているのではないかということでした。何をしても泣き止まない〝赤ちゃん〟は、新米のお母さんにとって圧倒的な他者として存在します。そんな他者を前に母親たちはどうしたらいいかわからず途方にくれてしまいます。そのような現実を母親たちは、「夜は寝なくちゃいけないっていう固定観念は赤ちゃんにはない」「赤ちゃんっていうのはマニュアルどおりにはいかない」と、自分とは次元の異なる存在として〝赤ちゃん〟をとらえたり、「赤ちゃんだから仕方がない」と絶対的に受容されるべき存在として〝赤ちゃん〟をとらえることによって、なんとかして〝赤ちゃん〟との生活に適応しようともがいているのではないかと考えたのです。

④わかるようになる

3ヶ月になると「わからない」という語りはほとんど見られなくなり（42エピソード中1）、「気持ちが悪い」「怖い」などの子どもの内的状態についての語りが増えました（42中24）。別のインタビュー項目「最近の育児生活」でも、3ヶ月時には「だいぶ落ち着いてきた」「生活リズムが定着してきた」と語る母親が多く、6ヶ月には「スーパーに行くと必ず泣く」など、子どもの行動パターンに関する語りも多くなりました。「わからない」に代わって3、6ヶ月で特徴的に語られたのは「忙しいときに限って……」というエピソードでした。

【エピソード38】（3ヶ月）

忙しい日に限ってよく泣くんです。「おじいちゃんが来るから、それまでにやっておかなきゃ」って思うんだけど、えんえーんて泣いちゃうんですよ。ちょっと大人しくしててーって思うんだけど、もうだんだん泣き声が大きくなってきて、「ああ、ダメだ」って。雨が何日か続いてお洗濯ができないから、「今日は晴れた（から洗濯する）ぞ～」とか思うんだけど、「今日は泣くぞ～」って感じでやっちゃったりするんです。なんかね、ママがバタバタしてるとね、落ち着かないみたいなんですよね。で、なんか心配になってくるのかなぁ？　怖くなってくるみたいでね、一生懸命呼ぶんですよね。で、大泣きしちゃうんですよね。

「ママがバタバタしていると落ち着かないみたい」という語りに科学的根拠はありませんし、他の親子にも同じことが当てはまるとは言えませんが、この母親が目の前の事態を理解（納得）するうえでは有益なものです。他にも「天気が悪いと機嫌が悪い」「私の顔が見えていないと泣いちゃう」という独自のわが子の行動パターンが語られました。わが子の行動をパターン化したりストーリー化するということは、いまここを越え、ひとつ抽象度の上がった「うちの子はこう」というわが子観が作り上げられるということでしょう。〝赤ちゃん〟が〝わが子〟になってきたと言えるのではないでしょうか。

こぼれ話

先に述べた筆者と協力者の関係が変化したのはこの時期です。協力者親子の関係ができたことによって、筆者との関係も変化したと言えるでしょう。なかでも、わが子独自の行動パターンを把握するということはとても興味深いことでした。ある母親は、子どもがぐずりはじめると自分のコートに子どもをくるみます。私がきょとんとしていると「この子これにくるむと寝るんです」と教えてくれました。試行錯誤の結果そこ（コート）に落ち着いたのでしょう。第三者にとっては理解しにくいことでも親子がしっくりくる状態を見つけることは、親になるプロセスのひとつの段階であると言えるのではないでしょうか。

(2) 6ヶ月〜12ヶ月——危険へ近づく子どもの身体への関心

①危険に近づく子ども

6ヶ月ごろから、「〜したがる」といった外界にかかわろうとする能動的な子どもの様子が語られるようになりました。9ヶ月を過ぎて、「動けるようになる」と、さらに顕著になります。それは子どもの身体を危険にさらし(根ヶ山)、環境を乱す(破壊する)ことを意味します。母親は「動けるようになった」子どもの成長を感じつつ、危ないものに近づいたり、ぐちゃぐちゃにするわが子から「目が離せなく」なります。しかもこの時期の子どもは「まだ分別がつかない」ので、「親が気をつけるしかない」と自身の役割がいっそう意識されます。養育者の重点は外界にかかわろうとする子どもを見守りつつ、危険があるときは子どもの気持ちの方向転換を図るほうにおかれるようになるのです(鯨岡・鯨岡)。

【エピソード39】(12ヶ月)

いろいろいたずらすることは困りますね。それは(親のほうが)変えてくしかないんだけど、鍵をかけたり、もうどうしようもない部分ってあるじゃないですか、窓開けると、網戸ガンガンやってる、出たがる。それが一番危ないんですよ。うちベランダがガクンと下がってるんで、落ちたら、がーんて感じだから、それだけはね。

【エピソード40】（9ヶ月）

触っちゃダメっていう物を触りたがること。でも言っても仕方のないことだし、この子もわからないじゃないですか。だからなるべく目に触れさせないようにと思うんですけど、でもそれをやりすぎちゃうと今度好奇心の芽を摘んじゃうような気がして。最近は好きにさせちゃうんですけど、そうするといつのまにか危ないもの持ってたりして。そういうのをどうやって取らなきゃいけないかというときに、イヤだなというか困っちゃう。

子どもの身の安全は守らなければならないのですが、エピソード40で母親が語っているように、あまりやりすぎると「好奇心の芽を摘ん」でしまう恐れも感じます。そのあたりの対応をどうすべきか決めかねている様子もうかがえます。

②主体としての子ども

6、9ヶ月時点では「子どもは言ってもまだわからない」とされているのですが、12ヶ月ごろになると、「知恵がついた」「分別がついてきた」などの語りが見られるようになります。〝分別がつかなかった〟子どもが〝分別がつくようになる〟ということは、主体としての子どもが登場してきたということであり、養育者が簡単に子どもの気持ちを方向転換できなくなるということを意味します（鯨岡）。

【エピソード41】（15ヶ月）

まだ性格はわからないけど、他の子もそうかはわからないけど、謝るってことを知ってるのね。悪かったらごめんなさいって言うんですよと言うと、気分がよかったり自分が謝ろうと思ったりするときは、言ったり、人にくっついてこんな風に悪そうにしたりするんだけど、もう絶対謝りたくないと、こんな小さくてもね、強情っていうか、意地みたいなものがあるらしいのね。だから謝りたくないときはどんなに言っても謝んない。あんな小さいんだからしょうがないけど、（中略）本当小さい赤ちゃんっていうか1歳くらいの子どもだろうかっていうぐらいすごい態度のときもあって。これはこの人のもっている性格なのか、まあみんなだいたいそんなもんなのかよくわからないけど、うん、これからもっとしゃべれるようになったりとか、もう少し難しくなってきたりとかしたときに、一体どうなるんだっていうくらい、ちょっとね恐いなって思うときがある。

「もう少し難しくなったときには一体どうなるんだ」という将来への言及は、他のエピソードでも見られました。同じ時期、「前は夜9時過ぎるくらいには寝てたんですけど、最近はなんか全然寝なくて」など以前の子どもの様子と比較や、他の子はしていないのにいまだ指しゃぶりを続けるわが子を「普通じゃないのかな」と他児と比較する語りも見られるようになりました。同じ縦断研究のインタビューデータの別の質問項目（「お子さんを通したおつきあいについて」）を分析した亀井の研究では、12ヶ月ごろから他児とかかわれるようになったことや、それを前提とした子どもの社会性について言及されるようになることが明らかとなっています。過去から将来を見通した発達の時間軸や他児との比較といった広い枠組みのなかでわが子を見るようになったことがうかがえます。またこの時期には「これに座ったらご飯だよ、とかいうしつけが難しい」というように、〝しつけ〟に関する語りも見られるようになりました。それというのも、この先、物心がついていろいろなことがわかっていく子どもとどのように向き合って（導いて）いったらよいかを考えているからでしょう。

（3）18ヶ月～――子どもの〝わたし〟との出会い

①意思表示

18ヶ月以降、欲望の主体としての子どもの自己性はますます際立って（鯨岡・鯨岡）きます。不快感情の語りでも子どもの〝わたし〟に関するものが多くなります。1歳半ごろの子どもは、自分の力で歩けるようになるなど運動面での発達も著しく、ことばの理解や表出も可能になります。その点で1歳半以降の反抗は、それ以前の拒否的行動とは異なると言われます。

【エピソード42】（18ヶ月）

特にはないんだけど、わりと育てやすいほうだと思う。あんまり癇とかも強くないし、だからあんまりないけれど。自我が出てきたというか、あれがイヤだとか、好きだとかがはっきりしてきたから。そういう意味ではごまかしがきかなくなる。自分の欲しいものはこれなんだっていう、それはないとかそれはダメとか、ちょっとやっぱり思い通りにならないと、すごく怒ったり、そうじゃないんだみたいなね、そういうのはあるけど、まぁそれは普通なんで。

【エピソード43】（24ヶ月）

すごく意思表示がはっきりしてきたので、なんか気に入らないことがあると泣いてでも騒いででも抵抗する。困ったなと思いますけど、こっちがひいたらくせになっちゃうからなんて思って。たとえば、まだ電車で遊びたいのに寝なさいとかって言うと、抱っこされてベッドに連れてかれても「ワーン」って泣いたりとか、あと店で果物とか触っちゃダメとか言っても触ろうとするとダメよってやるともうすごい大騒ぎで、最近は見かけないですけど、前はお店で転がってたり、転がってバタバタやってたんですけど、そのときも困ったなって思いますけど、だからってやりたい放題やらせといたらよくないんで、ダメなものはダメって。周りの人の視線なんか気になるけれどもうちの問題だしなぁと思って。

母親たちは、子どもの自己主張を「普通」「そんなにひどくない」「最初の過程のひとつ」ととらえたり、第三者のことばや視線を気にしつつ、「ごまかしがきかなくなってきた」子どもに対して、「叩いたらくせになる」「ひいたらくせになる」と自らのかかわりの影響を強く意識しながらかかわっています。「私がいけない」など不快感情の原因を母親自身のかかわりとするような語りが18ヶ月以降増えていましたが、それも自身の影響力を意識したものであると考えられます。次のエピソードで母親は子どもに伝えるために叩くことを選択したものの、それが子どもの成長に影響がないかどうか心配しています。

【エピソード44】（21ヶ月）

私もずっと結局、親が叩いてたらこの子も叩くようになると思ったから、ずっとしてなかったんですけど、結局やっぱり叩かないとね、わからないことって。私ね、（中略）危ないことしたらとかじゃなくて、そういう危険があるから叩くとかじゃなくて、まあそれもそうなんですけど、やっぱりいけないこと繰り返すようになっちゃうから、結局痛い目にあわせるというか。そしたらやっぱり怖がってやらなくなった、叩かれると思ってやらなくはなったんですけど。それが本当にいいかどうか、それがすごい今私の悩みなんですよ。これでいいのかなと思って。（中略）だから叩かれたことってあんまり、こんなときに叩かれた記憶が自分はないけど、それで何かその後の性格が変わっちゃうきっかけになったらイヤだなと思って。覚えてなくても。だからどうしよう。

②〝わがまま〟と表現すること

また「育てやすいほう」のような子どもの固定化した行動傾向についての語りも、この時期多く見られたものです。固定化した行動の語りに共通していたのは〝わがまま〟という表現でした（15ヶ月以前0、18ヶ月：5、21ヶ月：3、24ヶ月：4）。

【エピソード45】（18ヶ月）

あとイヤなことがあったときに人に八つ当たりをして、叩くようになったんですね。今までは自分でなんかおさえて、なんか足バタバタさせたりとか。床にひれ伏して泣いてたりとかって。あとこういう風に物を投げたりとか。人とか物に八つ当たりをすごくするようになって。なんか怒り方が激しくなったっていうんですか。それがすごいなんか最近ひどくなってきました。（第二子の）出産後です。前のほうが比較的、この子自身も落ち着いてたっていうんですか。穏やかだったのが、もうすごくわがまま…わがままっていうか、何ていうんだろう、気性が荒くなったっていうんですかね。もともとでもそういうのを秘めてたんでしょうね、きっとね。今出てくるってことは。

【エピソード46】（21ヶ月）

困ったのは、麻疹やってから、麻疹の間本当に寝たっきりだったから、かわいそうですっごい甘やかし放題だったんですよ。そしたら治っても、なんかすっごいわがままになって。甘えん坊というか、なっちゃって。でもなんか、なんでもすぐ泣くようになっちゃいました。意気地なしになっちゃった。前から結構思い通りになんないと、ひっくり返ったりなんかしてたんだけど。（気に入らなかったり、欲しいものがもらえなかったりすると）なんか泣いたり。きーっていって。あきらめは結構よかったなと思うんだけど。なんかわがままになったというか。

なぜ「わがまま」と表現するのでしょう。まず「わがまま」と子ども自身に原因を帰属することで、目の前の事態を母親にはどうしようもない現実として表していることが考えられます。「もともとそういうものを秘めていた」などと子どもの側に帰属して説明することは、目の前の事態を切り抜け、自分の気を楽にするひとつの納得の様式（澤田ら）だと言えます。わがままという表現があったエピソードでは、「気が狂ったように泣き叫ぶ」「ギャーギャー泣く」「激しく号泣する」など子どもの行動の激しさが語られていました（12エピソード中8）。母親は子どもの人格に影響を与える存在として自己を認識しつつも、あまりに激しい子どもの行動は手に余り、子ども自身の行動傾向として納得するのではないでしょうか。さらに「わがまま」という既存のラベルを使うことは、社会の規範から子どもが外れていることを表現しているとも考えられます。子どもを社会からの評価にさらすのです。なぜこの時期にそのような変化が起こるのでしょうか。ある母親は次のように語っています。

【エピソード47】（18ヶ月）

1歳6ヶ月ぐらいまでかな、っていうのは、赤ちゃんは泣くもんだっていう覚悟は自分のなかでもかなりの覚悟があったんで、泣いたらすぐ抱っこしてあげるとか、泣き声自体があたりまえだっていうのがあったから、すごい自分の忍耐力100ぐらいあったと思うんですよ。それが最近この子があんまりぐずぐず泣くタイプじゃないんで、たまにぐずられると「うるさいなぁ」って本当に思っちゃう。昔はこれが一日中だったのに今どうしてこんなちょっとしたことで癇にさわるんだろうって思うと、自分がすごく子どもと一体化しなくなってきちゃってる。「お願いだから泣かないで」とか、痛くて泣いてるとかだったら許すけど、「ママだってぐずぐずしたいんだけど、できないのよー」みたいな。そういう感じになってますね。

「子どもと一体化しなくなってきちゃってる」という語りは、この時期の親子の関係をよく表しているのではないでしょうか。子どもへの原因帰属や関係の変化の語りは、子どもを突き放したようにも見えますが、ひとつの主体として、自立していく存在として子どもを見はじめたことの表れとも考えられます。

4　まとめ

生後2年間の変化として次の二つがあげられます。

ひとつは、生後すぐはなんで泣いているのかわからなかった〝赤ちゃん〟を〝わが子〟としてとらえるようになるとともにその行動を理解し、子どもの行動をパターン（ストーリー）化しながら多様な視点でとらえるようになり、1歳の後半には子どもをひとつの主体として対象化していくプロセスです。もうひとつの変化は、親のかかわりに関するもので、0歳代は世話や保護する役割を意識しているようでしたが、1歳代になると子どもの発達に影響し、社会化のエージェントとして子どもを導く存在として自己を認識するようになりました。

表５　母親の語りにみられた子どもや子育てについての考え

月齢	信念の内容	情報源
0ヶ月	泣くのは赤ちゃんだからしかたがない	
	（おむつを替えたばかりのところにうんちをしてしまって）赤ちゃんなんてそんなもの	
	（なんどもうんちをしてしまうことに対して）うんちは出ちゃうから仕方がない	
	赤ちゃんって言うのはマニュアルどおりにはいかない	第三者
	夜は寝なくちゃいけない固定観念は赤ちゃんにはない	
3ヶ月	（子どもは）泣くしか伝達手段がない	
9ヶ月	（この時期の子どもは）いうことなんて聞けるわけない	
	怒ってもわからない	
12ヶ月	専業主婦になるとストレスがたまって虐待が多くなる	テレビ
	いいものも悪いものも私がしつける	
15ヶ月	子どもだけで（ご飯を）食べさせてるとよくない	第三者
	（母の手を握っていないと眠れないことに対して）これがなくなった日には大変なんだ	第三者
	まだこんな子に自分と同じレベルのことを要求しちゃいけない	
18ヶ月	抱っこするとくせになる	
	親が子どもを叩くと子どもも（他の子を）叩くようになる	
21ヶ月	親のいうがままだと怖い	
	叩かれると性格が変わる	
24ヶ月	2歳という年齢は難しい	
	こっちがひいたらくせになっちゃう	
	ママママって言われるのはお母さん冥利につきる	第三者

［注］　情報源についてははっきりと語られたものだけ示した

そのように変化していくなかで、母親たちは目の前の事態をどう切り抜けているのでしょうか。３章同様、せめぎあいという観点から改めて考えてみましょう。子どもが生まれてからしばらくの間、母親は自らの資源を可能な限り投入して子どもとの生活に適用しようとします。しかしその資源すべてを子どもに投入するわけにもいかず葛藤が生じます（①）。そのような事態を母親たちは「泣くのは赤ちゃんだから仕方がない」

「子どもは泣くしか手段がない」といった自分とは次元の異なる特別な存在としての赤ちゃんとして子どもをとらえたり（0ヶ月）、「まだわからない」未熟な子どもとしてとらえ（9ヶ月）ようとしていました。目の前の事態を自分には統制不可能なものであるととらえて、消極的に受容しようとしていたのです。

1歳を過ぎ、子どもの「こうしたい」という思いがはっきりしてくると、そうもいかなくなります。子どもは自分の思いを果たそうと「知恵を働かせる」ようになるので、ひとつの主体であると意識せざるをえません。消極的に受容しているだけではすまされないのです。「抱っこをするとくせになる」「親が子どもを叩くと子どもも叩くようになる」など自分の対応次第で子どもは良くも悪くも変わりえます。子どもの発達に影響し、社会化のエージェントとして子どもを導く存在として自己を認識するようになります（②）。さらに育てるものとしての思いには、第三者からのアドバイスや子ども一般についての言説などが引用されていました（表5）。山田は説明行為によって、自らを一定の道徳性、規範性をもつ人物として提示することが可能となるとしています。母親たちは〝常識〟を取り込み自らを〝常識的〟な母親たらしめようとすることで、自らを納得させたり、安心したりします。しかし〝常識的〟であろうとすることは、ときに母親を苦しめることにもなります。指しゃぶりや母乳をいまだやめないわが

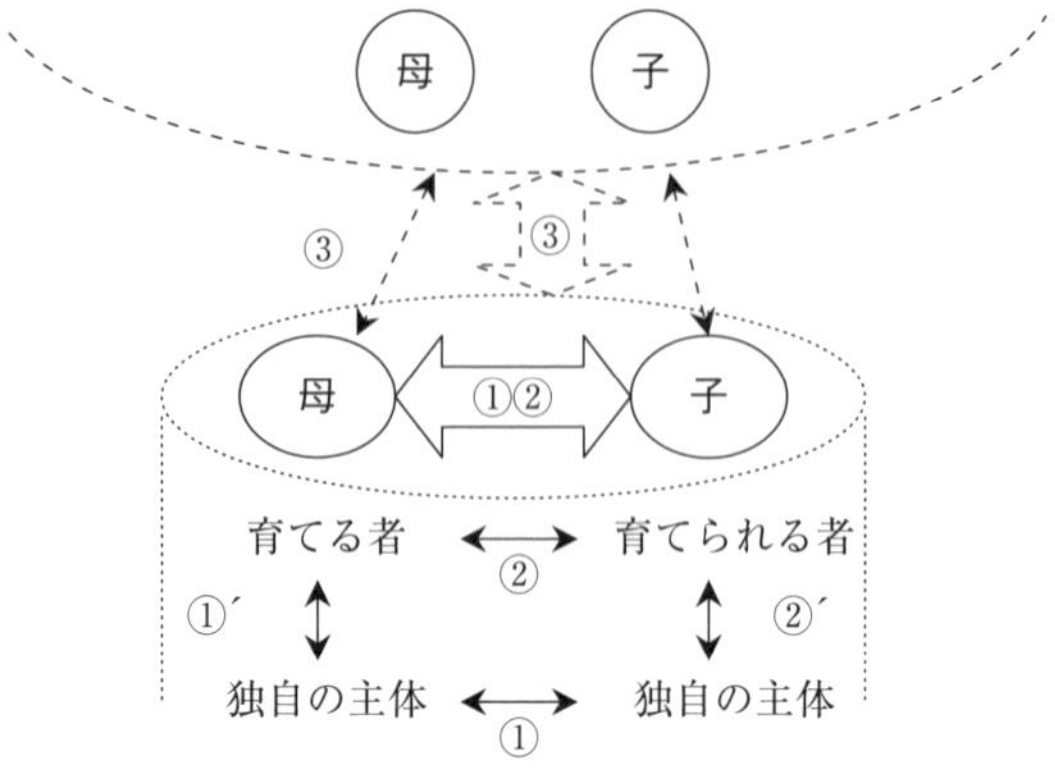

図３　２歳になるまでの母子の間のせめぎあい

子に母親は、「他の子はやめているのにどうして？」と思うのです。そのようなせめぎあいのなかで、母親たちは自分たち親子の落ち着きどころを見つけるのではないでしょうか。

2歳になるまでの変化を図3に当てはめて考えると、母子の間のせめぎあいは①から②へ相対的に変化していることが考えられます。ソーシャライザーとしての自分を意識しているものの、社会の目を気にしたりといった社会との間のせめぎあい（③）はあまり見られませんでした。

次章で、〝反抗期〟が激化する2歳以降について取り上げます。

5章　〝反抗期〟を乗り越える

1　〝反抗期〟と集団との出会い

本章では、4章を引きついで、2歳過ぎから5歳までの縦断的変化を検討します。

①反抗期

2歳代は子どもの反抗や自己主張が活発になる時期であることから、アメリカでは〝Terrible two〟、日本では〝反抗期〟としてとらえられてきました。英語で「テリブル＝恐ろしい・猛烈な」というように、その激しさはすさまじいものがあります（もちろん激しさの程度には個人差がありますが）。眠そうにしているから寝ようと言うと「寝ない」、じゃあ寝ないのねと返すと「寝る」と、何でもかんでも「イヤだ」「ダメ」の連発に、養育者は手を焼きます。多くの母親は自己主張・反抗の存在を知っていますし、それが自我の現れであることも理解しています。少し年齢が上の子どもをもつ先輩ママから「そろそろくるよ〜」などと言われている場合もあります。それでも、いやだからこそなのか、子どもの自己主張や反抗が活発になると、母親はしつけを行うことへの焦りやプレッシャーを感じやすく、生後2歳までとは質的に異なる大変さや困難が生じる（坂上）ことが考えられます。子どもの反抗や自己主張は多くの親にとって困惑や苛立ちを経験するものであり（氏家／坂上）、母子関係が再構成される時期であるととらえられます。

その後自己主張や反抗は、3歳くらいまでに沈静化し、4歳になると多くの子どもが集団生活に入ります。新しい環境への移行は子どもだけではなく、親にとっても（第1子であればなおさら）強い移行体験となります（福本）。

妊娠中から18歳の子どもをもつ親へのインタビューによって親の発達段階を理論化したガリンスキーは、2歳から5歳までを〝権威〟の段階であるとしています。ガリンスキーによれば、この時期の親の関心は、〝力（power）〟をどのように扱うかにあります。つまり、どのようにして責任を受け入れ、効果的にコミュニケーションをとり、制限を課すのか、どのくらい子どもをかばい守るのか、どのようにして子どもとの衝突と向き合い、意思との戦いを避けたり扱ったりするのかということです。さらにその権威の問題は、子どものみならず、よその親や祖父母、ベビーシッター、教師、近所の人びとなど、他の大人との関係性ともかかわると言います。権威ということばは日本の親子関係にはなじまないものですが（東）、乳児期とは異なる課題に直面するということは確かでしょう。

本章では2歳3ヶ月から5歳までのインタビューに基づいて、親子関係におけるひとつの危機的状況であると考えられる時期を、母親たちがどう乗り越えていくのかについて検討します。

②インタビューの概要

協力者は、4章同様縦断研究プロジェクトの協力に応諾してくださった28名の母親（うち1名は36ヶ月まで）です。第1子出産時の母親の平均年齢は30・4歳（26〜36）、子どもは全員第一子で、性別は男児15名、女児13名でした。調査時、保育園に通う子どもは7名、調査期間中に幼稚園に通い出した子どもは20名（うち3年保育16名、2年保育4名）でした。（36ヶ月までで調査を終了した1家庭の子どもを除く。）

27ヶ月から60ヶ月時の計9回の家庭訪問のインタビューデータのうち、質問「○○ちゃんのことをイヤになるときはどんなときですか」についての回答を分析の対象としました[1]。母親が不快感情を感じる子どもの行動についての語りをひとつのエピソードとして、479のエピソードを対象とします。

2 インタビューから見えてきたこと

（1）どんな行動をイヤになるのか

4章と同様に、どのような行動に対して不快感情をもつのかについて表6にまとめました。また2歳から5歳までの変化を図4にまとめました。

圧倒的に多く語られたのは「自己主張・反抗」でした。次いで語られたのは「他児との関係」「行動特徴」でした。

表6　母親が不快感情をもった行動と定義

行動領域	定義と内容	頻度	%
泣く	泣くこと	18	3.8%
睡眠	寝ること（夜泣きは、寝ている子どもが泣いて起きてしまうことであることから寝ることとした）	15	3.1%
食事	授乳や離乳食を食べること、食事場面に関すること	32	6.7%
排泄	排泄に関すること	16	3.3%
愛着要求	後追いや抱っこを求めるなど愛着に関係する行動	35	7.3%
いたずら	禁止されていることをするなど、ルールを逸脱する行動	7	1.5%
自己主張・反抗	働きかけを拒否したり、自分のしたいことをアピールする行動	178	37.2%
他児との関係	友達やきょうだいとのトラブル、関係性	45	9.4%
病気	風邪などの病気	4	0.8%
問題行動	噛む、指しゃぶりなど	28	5.8%
母親自身に関すること	自分の時間がない、など母親自身に関すること	10	2.1%
行動特徴	性格、行動のスピードなど子どもの行動特徴に関すること	44	9.2%
その他		47	9.8%
		479	100.0%

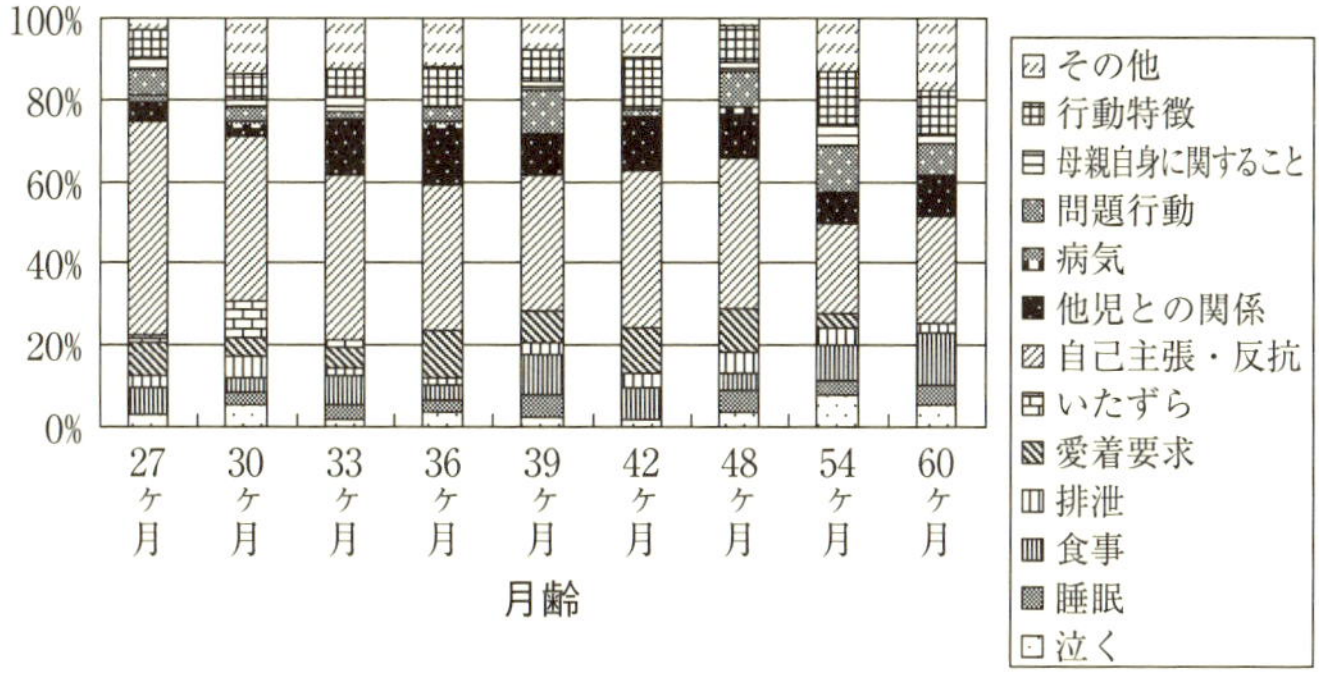

図4　2歳から5歳までの不快感をもった行動領域の変化

どの月齢においても「自己主張・反抗」がもっとも多く語られています。特に33ヶ月までは全体の4割を超えています。その後徐々に少なくなり、36ヶ月以降は3割強、54〜60ヶ月になると3割を切るようになります。

代わって33ヶ月からは、「他児との関係」が増えています。公園などで他児とかかわる機会が増えたこと、きょうだいの誕生によってきょうだい間のトラブルが見られるようになったことが考えられます。「抱っこを求める」「ベタベタする」などの「愛着要求」は3歳代に相対的に多く語られました。「問題行動」や「行動特徴」といった子ども自身の行動は、39ヶ月以降から相対的に多く見られています。

ここで、「自己主張」や「愛着要求」は母親に向けられる行動ですが、「他児との関係」は他児に向けられる行動であり、「行動特徴」や「問題行動」は子ども自身の行動です。そこで、不快感情をもつ行動が、母親に向けられているか、他児や他者に向けられているか、子どもの行動そのものについてかに分けてその推移を検討してみました。母親に向けられているものとしては、「自己主張」と「愛着要求」を、他児や他者に向けられているものとしては「他児との関係」と「その他」のうち他者に向けられていると考えられたものを、子どもの行動そのものは「健康」「問題行動」「子どもの行動特徴」をまとめました[2]。図5を見ると、母親に向

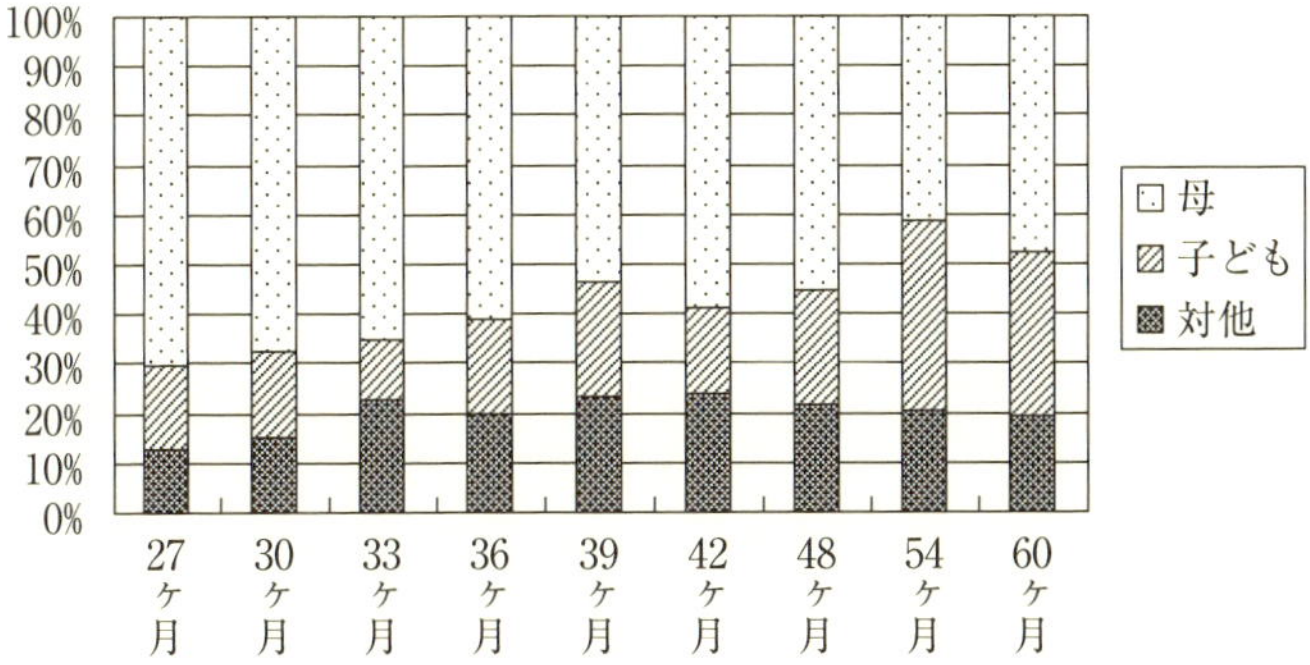

図5　だれに向けられた行動か

けられる行動が月齢が上がるごとに減少し、子ども、他者に向けられた行動が増えていることがわかります。特に54ヶ月、60ヶ月の「子ども」の増加が顕著であると言えます。以上のことから、「自己主張・反抗」が減りはじめる36ヶ月前後にひとつのターニングポイントがあると考え、ここでは二人の母親[3]（母親A、B）の具体的なエピソードを中心に36ヶ月までと、39ヶ月以降に分けて検討します。二人の母親に限定したのは、月齢を通した具体的変化がわかりやすいと考えたからです。

（2）3歳までの変化

①何でもかんでもイヤ

3歳までは、「自己主張・反抗」する子どもに戸惑う様子が語られました。特に、2歳代前半は子どもの「イヤイヤ」に関する語りが特徴的で、何でもかんでもイヤという子どもの行動についての語りが多く見られました。

【エピソード48】 母親A（27ヶ月）
やっぱりすごい意思表示がはっきりしてきたので、自分の思い通りにならないときはもうすごく暴れたりするので、それはやっぱり困ったなと思いますね。時間をかけてちゃんと言い聞かせれば聞くんですけれども、時間がないときにどうしても、ちゃんと聞いてあげられなくて、こっちも時間ないし、子どももやりたいことを言っても聞いてもらえないしというので、うまくいかないときがあって。

【エピソード49】 母親B（27ヶ月）
出かけるっていうときに「靴はこれ」とか言われたときに頭にくる。時間があるときは付き合うけどねー。でも何時までに行かなきゃ行けないというときはもう……なんだろう、やっぱり「早く行かないとチョコレート買えないよ」とか、いけないいんだけど、モノで釣っちゃうんだよね。そういうことが多いかな。あとはもう「置いてっちゃうからね」とか。（そのような手は効果的かという問いに対して）どうなんだろう。ほんとはダメでしょ。やっぱり時間があったら、まあやらせてあげるのがいいんだよね、やっぱりね。

母親たちは、「時間をかければ聞く」「モノで釣るのはよくない」ということはわかっています。ほかの母親の語りでも、悪いことばを使う子どもに「『それは言わないよ』って一応言ってみる」いたずらを繰り返す子どもに「一応『出しちゃダメなのよ』という」子どもの行動をなんとかコントロールしようと試みる語りが見られました。どうすればいいのかわかっているのに、自分に余裕がないと受け止められないのです。

②どうすればいいかわかっているけど

エピソード49でも「ほんとはダメでしょ？」という語りがみられます。このことばには母親自身がこうした（しない）方がいいことはわかっているけれどもできないという思いがあらわれています。またその後に示した語りにある「一応」ということばには、一般的にそうした方がいいと言われていることをとりあえず（ダメもとで）してみるというニュアンスがうかがえます。常識的対応では対応しきれない子どもの姿と、とりあえず（1回でも）常識的対応をした母親の姿が表されているように思えます。

つまり、母親たちは子どもへの対応としてするべきこと／したほうがいいことと、できない自分との間で揺らいでいると考えられるでしょう。子どもの自己主張が本格化していくなかで、母親は「親である自己の視点と子どもの視点の調整を図ること」（坂上）を迫られます。しかし複数の問題が絡み合うと簡単に調整することはできず心理的負荷は増大します（高濱ら）。多くの母親たちは、子どもの自己主張・反抗が子どもの自我の芽生えにかかわるものであり、発達的に重要な意味をもっていることを知っています。だからこそ、自我の芽を摘まないように常識的な対応をしようと試みます。しかし、そのような子育ての規範は自分たちを縛る（自分たちの資源を脅かす）ものであり、母親たちのかかわりは、子育ての規範（子育ての常識）と現実との間で揺れ動いていることが考えられるのです。

③つのるイライラ

2歳代後半になり3歳が近づくと、イライラがさらにつのってきます。

【エピソード50】母親A（33ヶ月）

保育園の帰りに必ず車が通るような道の歩道を歩くので、私としてはずっと手をつないで歩きたいんですけど、手をつなぎたがらないことがあって。それでも無理やりつないで歩くんですけど、それは本当に命にかかわることなんで困ったと思います。別にうちの子だからっていう問題じゃないんでしょうけど、どうしても言うことを聞かないときに困ります。その聞かない程度が半端じゃないので、もうバタバタバタバタ暴れてきかないような感じなので、こっちも「親だから」っていう気持ちはなくなって、「いい加減にしなさい！」とかいって。親として怒ってるんじゃなくて、私が怒っているというか。立場もなく怒ってる感じ。よくわかんないですけど、もっと親だったら愛情をもってとかっていう感じで（するんだろうけど）。

【エピソード51】母親A（36ヶ月）

朝やっぱり睡眠時間があまり十分でないので、寝起きがすごく悪いことがあって。そういうときはご飯は食べない、着替えない、何をやっても「イヤイヤ」って本当に手がかかって。そういうときは本当に困ったなと思います。で、足をバタバタして暴れたりするので、そういうときは一回言って聞かなかったらお尻をぶちます。（寝るのが）遅くてもすっきり起きるときもあるし、早く寝たのになかなか起きないときがあって、その辺がよくわからないんですけど。

【エピソード52】 母親B（36ヶ月）

口答えをするでしょ。でっかい声で泣き喚くでしょ。がまんできるときはがまんするけど、やっぱりがまんできないときもあるわけよ。だからそういうときはほっとく。本当だったらね、かまってあげたほうがいいのかもしれないけど、余裕があるときはできるんだけどね。本当に頭にきたときは「なんでそんなことばかり言ってるの？」とかね言っちゃうね。「いい加減にしなさい」とか「そんなことばっかり言って」とか。

ほかの母親のエピソードにおいても「泣けばおんぶしてくれるというのがわかっているみたいで、わざとそういう風にやったりするようになった」り「（人前だと）親が怒れないのわかっているから悪い子に変身する」など親をてこずらせる子どもの様子が語られました。そんなわが子に母親は「からかわれてるのかな」とさえ思い、「立場もなく怒」ったり「本当に頭にきた」りするのでしょう。母親と子どもの緊張関係の高まりがうかがえます。

④権威的・感情的な対応

そんな緊張関係のなかで、母親たちは「お尻をぶちます」「本当にしょうがないときは頭をぱちんとやっちゃうときもある」といった権威的な対応をとったり、「いい加減にしなさい」という感情的な反応をとることを語ります。手を出さなくても「お母さん怒るよ」とか「押し入れいれちゃうよ」と、ことばで脅かすような対応も語られました。日米の比較研究などで直接的な対応をとることは少ないとされる日本の親も、2歳代の反抗に対しては権威的対応をとることがいくつかの研究で明らかになっています（氏家／坂上）。なかでも坂上は、第1子の母親は子どもの反抗・自己主張を親である自己の視点からとらえやすく、加齢に伴い叱る、大声で怒るなどの母親焦点型の対応が増えると指摘しています。

権威的に、あるいは感情的に対応するということは、一般的によしとされている対応とは相反する対応であるかもしれません。一般論ではどうにもならず、常識的対応が破綻していると も受け取れます。しかしエピソード50で「もっと親だったら愛情をもってするんだろうけど」と語られているように、一般論は関係なく（ともかく）私はこうすると表明することに意味があるように思われます。川田は、親が子どもの反抗に大人げなく腹を立て対立することがあっても、起こってしまった対立に参与し、解釈を積み重ねていくことが大切なのではないかと、対立の積極的な意味を投げかけています。母親の権威的・感情的対応に見られるような親子の対立からは、親という役割を超えて、一人の人間としてかかわる母親の姿が見えてくるのです。

⑤子ども同士のやりとり

親子の緊張関係が高まる一方で、2歳代の後半になると子ども同士のやりとりにも目がいくようになります。

【エピソード53】母親B（33ヶ月）

やっぱり「何でも自分のもの」っていうのが。よその家に遊びに行っても「全部使いたい」とか「使うからダメ」って。それですぐ収まればいいんだけど、泣き始めちゃったら大変だから。やっぱりね。危ないっていうのもあるし、そんなことでいちいち怒りたくないし、ただ見てるだけでいいっていうか、上手に遊んでくれたらなあ。

ほかの母親のエピソードにおいても「おもちゃが貸せなくなった」など、友だちやきょうだいとの関係に関するエピソードが語られました。高濱らも、3歳の誕生日を迎えるころから母親たちの関心が幼稚園生活や子ども同士の関係に向きはじめることを指摘しています。

他児とかかわるわが子の様子を見るようになるということは、わが子と自分との直接的な関係だけではなく、わが子の社会的関係をも意識するということであり、母子の関係性の変化を示していると言えます。3章でも述べたように他児とのやりとりにおいて、母親は観察者ですが、ただ傍観しているわけにはいきません。わが子と他児とのかかわりに、やきもきハラハラしているのです。直接的にかかわらなくても間接的かかわっているような気持ちなのでしょう。

（3）3歳以後

①具体的な要求

3歳を過ぎると、それまでの何でもかんでもイヤだという反抗から、「食事の前にお菓子を食べたがる」「手伝いをしたがる」というように、子どもの自己主張のかたちが具体的な要求をするように変わってきます。それでも母親にとってそれは無理な要求であり、いつでも受け入れられるものではありません。

【エピソード54】母親B（42ヶ月）

何でも「買って」って言うことかな。それがあまりお菓子を買い与えたりとか、極力しないようにしてるんですけど。なんか、すぐに「買って、買って」って言うようになって。でも買わないからといって、お店で暴れたりとかするわけではないんですけど。見てほしいんじゃなくて、テレビとかでやってたりとか、今みたいなこういうタイミングで「買って」とかって言って。で、売っているようなところに行くと忘れちゃっているみたいで、何にも言わないんですけど。〈そういうときはどうするんですか?〉「お金がないから買えないよ」って言います。そうすると「買って、買って」ってパパのところに行ってみたりとかしてますね。

【エピソード55】母親B（42ヶ月）

変に自立心が芽生えちゃってね、時々余計なことをするの。余計なことをするときがなんか……なんだろう、余裕があるときは「いいよ」って言えるんですけど、忙しいときとかに台所にきたりして「やるー」とか「てつだうー」とか言われると鬱陶しいときが……ありがた迷惑なときが。料理を今「手伝う」とか言い出してね、なんか「夕飯の手伝いをするー」って言って。で、台所にね、来たりするときがちょっと……危ないし。「じゃあレタスをちぎって」とかっていうのはやらせるけど、だんだんエスカレートしていくと今度は「肉をこねる」とか「餃子をやる」とか言ったときには。〈じゃあなかなか断るのも難しいんじゃないですけど、そういうのがありますか？〉ねー、やらせてあげたいんだけど。忙しいときとかもあるから。それでご機嫌を損ねてしまったりとかね。

【エピソード56】母親A（48ヶ月）
「この服を着たい」とか「あの服はイヤだ」とか、そういうの。なんか服に関しては。それでいろいろ言うのがイヤだなっていうのがありますね。いつでもですね。「靴下はこれじゃなきゃイヤだ」とかね。いつもですよ。決まってないです。「今日はこれがいい」とか「このズボンは堅いからイヤ」とか。あれば替えて、なければ「もうそれしかないから」って半べそかきながら玄関のところに行ったりとかしてますけど。

この時期の子どもたちの「○○がしたい」「○○がいい」という主張は、とにかく「イヤ」「ダメ」という反抗のための反抗とは異なります。それは具体的で、子どもたちの固有の声[4]で語られます。実際母親たちの語りのなかでは、子どもたちのことばが直接話法で語られています。具体的な要求が子どもの声で表現されると、子どもの人格がぐっと立ち現れてきます。この時期は子どもの行動特徴や問題行動など、子ども自身の行動が不快感情をもたらすものとして語られるようになっています。母親Aも、「子どもの行動がゆっくりしている」ことをイヤになることとして42ヶ月時と54ヶ月時に語っています。母親のなかで子どもの人格が形作られてきたと考えられるのではないでしょうか。

もちろん1歳後半から始まる子どもの反抗や自己主張も子どもの存在を十分知らしめますが、この時期の要求はより具体的ではっきりしており「頑固」で「譲らない」ものです。子どもたちが固有の声をもった揺るがない存在として現れるなかで、子どもの人となりが対象化されるのではないでしょうか。母親Bは、下の子との比較のなかで次のように語ります。

【エピソード57】 母親B（48ヶ月）

イヤだなぁと思うときはね…… ああ、なんだろうね。何て言うのかな、たぶんどこのお家もそういうのだと思うんだけど、□□（下の子の名前）は…何ていうんだろう、やっぱり下の子だからうまいんだよね、いろいろ何をするにも。で、（上の子は）「絶対にやっちゃダメだよ」っていうことで必ずやっちゃうんだよね。それでもうカチンときちゃうときがある。なんでも、もう……「ああ、こんなことしなきゃいいなぁ」と思ってることをね、進んでやっちゃうの。それで怒られたりとかしちゃって、なんだろうね……しょうがないのかなぁ。ただかわいそうだけど怒られちゃうのはいつも○○（上の子の名前）みたいな。〈どうしてなんでしょう?〉なんだろうね。よく同性だから……「やっぱり異性はかわいく見えるんだよ」なんていう人もいるよね。うん…結構ほらだんだん色気づいちゃってて、おませさんだから……「なによ、それ」とかって思うときはあるよね。「ふーん……」とか。「こんなちっちゃくてもやっぱり女なのね」とかさ。うん。（そういうのが何か関係あるのかなぁ?）どうなんだろうねー。本当になんか……うん、そうだね、それに結構ほらもう4歳になったから何でもこう……できるでしょっていう感じの目で見ちゃうことがどうしてもやっぱり多いから、そうするとたまに失敗とかすると「あぁ!」とかって言いたくなっちゃう。「ほら、言ったでしょ～」みたいなことね、言いたくなっちゃうんだよね。

出生順位や性別に帰属するような語りは、他の母親のエピソードにおいてもみられました。子どもの人となりが対象化されることによって、「理屈っぽい」「気が短い」「頑固」「神経質」など子どもの性格特性が語られるようになります。それは、母親のなかにわが子像がはっきりとできあがってきたこと示します。そして同時にわが子の性格を語ることは、自分にはどうしようもない、もはや自分の影響は及ばないものとして示すということでもあるのです。

②常識的対応を超えて

また3歳以前と異なるのは、子どもの主張の仕方だけではありません。この時期は2歳代に見られた「○○したほうがいいんだろうけど」といった子育ての常識へのこだわりはあまり見られませんでした。エピソード55で「やらせてあげたいんだけど」と語っているように、「したい」「したくない」という母親自身が子育ての主体としてあるような視点から語られるようになりました。一般的によしとされているからするのではなく、したいからするという母親自身の視点がそこに現れており、他者の声を借りるのではなく自らの声で子育てを語るようになったのだと考えます。

③社会の一員としてのわが子

また、39ヶ月以降は、社会的にあまり望ましくない行動がイヤになることとして語られるようになりました。

【エピソード58】 母親A（39ヶ月）

あの……口でぶーってやったりとか。あと、まだちょっとどんどんひどくなってきたのでそのたびになんかわかるみたいなんですけど、何ていうのかしら……気持ちが乗ってきちゃうと、どんどんやっちゃったりとか。なかなか注意しても1回では直らないところが困るなぁと思うんですけど。ま、そんなもんなのかもしれないですね。〈そんなもんなのかなっていうのは？〉1回注意したぐらいじゃ聞かないのかなっていう。一応理由と注意はするようにはしてて、次に怒ったときに「どうしていけないんだっけ？」って聞いてみると「～から」って言ってくれるんですけど、やっぱり気持ちのほうがなんかこう……先にきちゃうっていうか。面白かったりとか、周りが見えなくなっちゃって。（中略）保育園で流行ってるみたいで、他のお母さんもやっぱり「ぶーってやってる」って。誰が始めたんですかね。うちの子だったりして。それが楽しいみたいです。汚いですからね。

【エピソード59】 母親B（54ヶ月）

お尻とかね、チンチンとか、そういうことばっかり言ってるの。本当もうそれが一番ね。それを言うだけでおかしいみたいでさ。そんなことばっかり言ってるのね。「お前、そんなこと言っても全然面白くないんだよ」って言うんだけど。

【エピソード60】 母親A（60ヶ月）

ちょっとふざけてみたりとか。なんだろう……これは私が実際に見た話じゃないんですけど、先生に保育園でお誕生日会のときに「△△△くん～」て言われたら、わざと「ン」て言ったり、大きい声で「はいっ」って言ったりとかして、なんかそうやってビシッと決められないところがあったりとか、そういうふざけちゃったりとか。そう、「どうしてそんなことするの？」って言ったら、「恥ずかしいから」ってきっちり理由を言われちゃったりして。「なんでそんなことが恥ずかしいんだろう」って思ったりするんですけど、そういうところが困ったなっていう感じがします。

他の母親のエピソードにおいては「ありがとうが言えない」など礼儀にかかわることも語られました。これらの行動は、子どもと社会との関係を壊す（川田）行動であると言えます。社会（世間一般）にかかわる存在としてわが子をとらえていることがわかります。

④集団生活、他児との関係

さらに4歳代に入ると、ほとんどの子どもが集団生活に入ります。そうするとそこでの生活や友だち関係にも母親の視線は及びます。

【エピソード61】母親B（39ヶ月）

まぁ「イヤだなぁ」まではいかないけどね、その幼稚園で……4月からね、行くことを想像するとこの間の様子を何か見ちゃったら……「大丈夫かな?」と。泣かれちゃかわいそうだし……かといってなんか行かせないわけにもいかないし……。すごいだって……何ていうんだろう、どう対応したらいいのか……考えちゃうかなぁとか思って。〈その一件ですか?〉そうだねー。すごい……もう顔が違ったからね。緊張してるっていうか、強張ってる顔。相当やっぱり……すごい短い間だったのね、その離れているのは。10分……15分ぐらいだったのかな。それであれだから。〈じゃあちょっと慣れるまで大変な感じですね〉そうかもしれないねー。覚悟してるんだけど……うん……。〈なんか……きっと皆そうなんでしょうね〉ねー。〈絶対そうですよね、でも一日中ずっといたのに急に結構……半日ぐらい……〉

【エピソード62】 母親A（42ヶ月）

ここ2～3週間、必ず保育園に朝行きたがらないんですよ。それで主人が連れて行っていることがほとんどなんですけど、別れるときは大泣きしてるって言ってて。きっかけはわからないんですけど、2月の3連休のときに熱を出したんですよ。前からちょっと調子が悪いかなっていうのがあって、今クラスで休んでいる子がだいぶ増えてきているんで、体調が悪いことが原因なのか、それともなんか保育園のなかであるのかわからないんですけど。一応先生には体調が悪いことと、何かあることが考えられますのでっていうことは連絡帳で伝えてあるんですけどわからずじまいで、まだ続いてる状態です。けんかっていうような、そんな長続きするようなことはなくって。やったやられたっていうのは日に何回もあるんでしょうけど。そんな根にもっていうか、そんな根の深いものはないと思うんですけどね。

【エピソード63】 母親A（60ヶ月）

保育園で特定の子に勝てない。いつもこう……まあ、序列みたいなのがあるんでしょうけど。「○○くんには勝てない」って最初から思っちゃってるようなところが。もうちょっとこう……性格によるものもあるんでしょうけど、そんなに……まあ、（聞き取れず）タイプでもないので。

優しいのは優しいんですけど、手が上げられないぐらい優しい子でもないので、やられたらやり返すぐらいの。だからそういう風にリミットを設けちゃって、「僕は絶対に勝てない」みたいに思っちゃうのは困ったなっていうか。「もうちょっとしっかりしなさい」っていう風に思いますね。

これらのエピソードにおいては、他児にかかわるわが子の姿や社会に参加する子どもの様子が語られています。社会的に望ましくない行動や他児とのかかわりにおいて母親は直接関与していません。他児や社会との関係のなかでわが子の行動を意味づけようとしているのです。

3　まとめ

母親たちの語りの内容は、3歳前後をターニング・ポイントとして変化していました。図6にあてはめて考えてみましょう。

子どものいわゆる反抗期が本格化すると、母親のイライラもつのります。子どもの自己主張

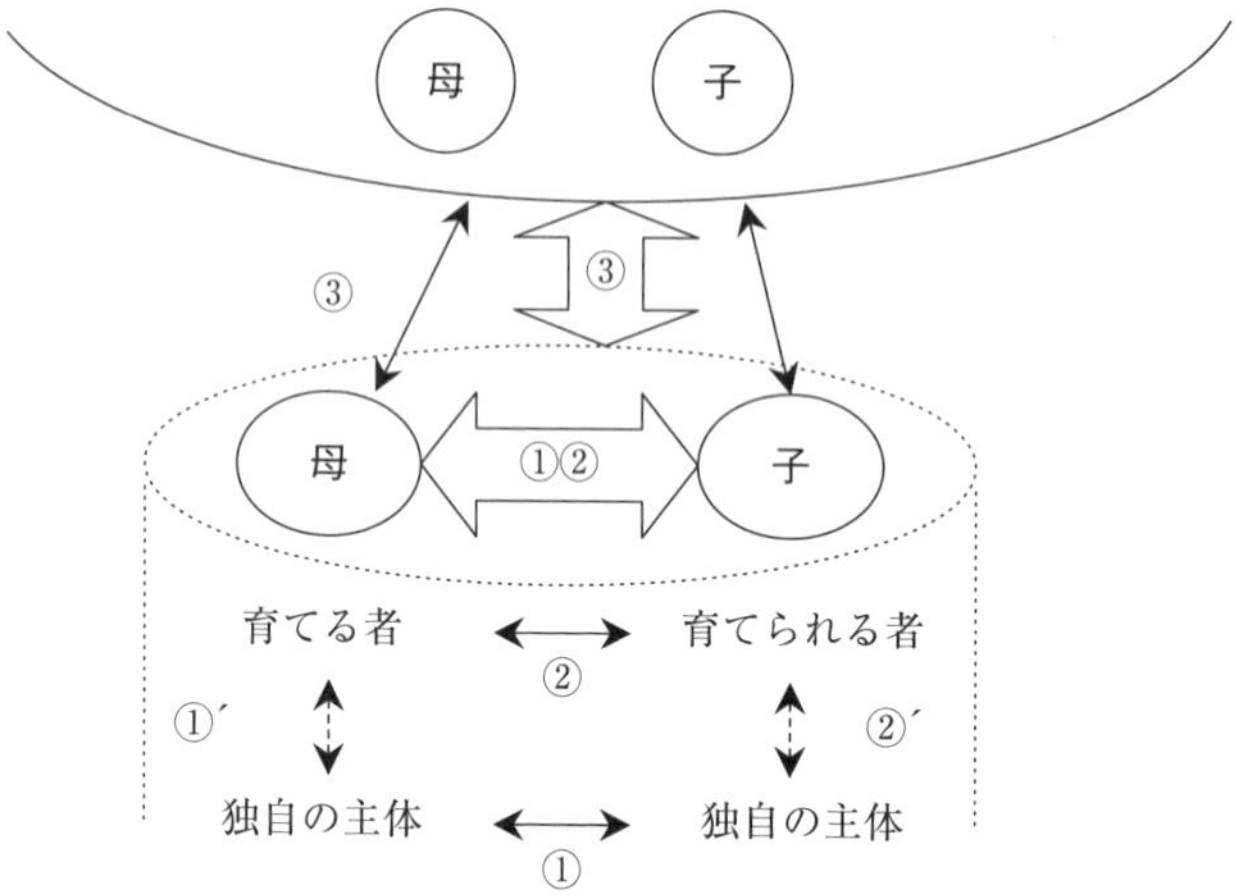

図6　3歳以降のせめぎあい

を目の前に母親は「こうすべき」という子育ての準拠枠と自身の資源との間で葛藤します（①´）。子どもの反抗が激しくなると権威的に感情的に対応してしまう母親の姿が見えてきました。感情むき出しの人間同士のかかわりあいです（①）。それが3歳以後になると、固有の声（人格）をもった存在として子どもをとらえるようになり、また子育ての方針を母親自身の視点で語るようになっていきました。

①他者としてのわが子

そこには、わが子を欲望の主体から、固有の声をもつ個別化した他者としてとらえるようになるプロセスが見えてきます。私たちの研究では、お誕生月（2、3、4、5歳時）のインタビューで

「○○ちゃんはどんな子ですか」という質問を母親に投げかけました。それに対する回答を見ると、2歳時では上記の質問を投げかけても「うーん」と考え込む母親がいたり、「よくわからない」と答えた母親もいました。表現しても「歌って踊ってが好きで元気な子」と行動面での表現が多かったり、「～かなあ」というあいまいな表現も多く見られました。しかし3歳以降では、語り口が断定的になり「明るい子」「気が強い」など、性格を表すことばで語るようになりました。ここからも、3歳以降人格をもった存在として子どもをとらえていることがうかがえます。

2歳前後から子どもは〈わたし〉を主張しはじめ、欲望の主体としての自己性（鯨岡・鯨岡）が前面に出はじめます。しかしそのころの主張はわけもなくただ「イヤだ」と反抗するだけです。しかし徐々に子どもが、固有の声で主張しはじめることによって、「個性」と呼べるようなものが浮かび上がります。そうすると単なる欲望の主体ではなく、自律的に生きるひとつの人格をもった主体として子どもをとらえるようになり、「わが子の他者性」（坂上）を認めることにつながるのではないでしょうか。

その変化を、子育ての方針が母親自身の視点で語るようになったこととあわせて考えると、育てる－育てられる関係と独自の主体同士の関係が融合したととらえられます。図6の①②、のせめぎあいが緩和され、母親に関して言えば、育てるものとしての視点がしっくりと自分のものになり、子どもに関して言えば、保護や世話が必要な子どもからひとつの人格をもった存在として際立ってくるのです。

融合の背景には2歳代の親子のぶつかりあいがあります。互いに感情むき出しになることによって、役割（建前）を超えた一人の人間同士（本音）の関係になるのです。親子関係が再構築されたと言えるでしょう。

②わが家の子としてのわが子から、社会の一員としてのわが子へ

さて2歳代の後半になると、直接的な関係だけではなく、わが子と他児の関係という間接的な関係に対しても母親の視線が向くようになり、3歳以後では他児や社会との関係のなかでわが子の行動をとらえるようになっていました。

その変化は、わが家の子としてのわが子から、社会の一員としてのわが子への変化であると言えるでしょう。3歳前後から母親は自らは直接かかわらない子ども同士、あるいは他者とのかかわりに目を向けるようになります。外から影響を受ける、社会の一員としてわが子を見るようになるのです。社会では家庭とはまた別のそこでのルールに従うことを求められます。母

親たちがわが子の友だち関係を気にしたり、社会的に望ましくないことをすることに不快感情をもつのは、社会の枠からはみ出ることを恐れるからではないでしょうか。他者との協調や集団の和を望むのは日本に特徴的なことであるとされますが、母親たちは子どもたちが生きる社会において支配的な語りを用いて、わが子の行動を説明するようになるのです。

③極端な逸脱の手前で

母親のかかわりの変化についてもう少し考えてみます。子どもが2歳代のときには、母親たちは従うべき子育ての準拠枠（常識）と、そのとおりにしようと思ってもうまくいかない現実との狭間で揺れ動いている様子がうかがえました。しかし3歳を過ぎるとあまり揺れが見られなくなり、自らの視点（声）で信念を語るようになりました。2歳代で参照していた準拠枠に縛られず、自分なりの子育ての視点ができあがるのです。高濱らは、そのような変化を「枠組みのゆるみ」としています。

ただ、母親が自分自身の視点に偏りすぎることには、ある種の危険性があります。2歳代以降自己主張・反抗が激しくなると親の体罰が増加し、虐待にまで至るケースもあると言われます（荻原・岩井）。思うようにいかない子どもとの葛藤のなかで、母親の視点が視野狭窄のような状態におちいってしまうことがあります。しかし、危険性があるにせよ、多くの親は虐待には至らず子育てを続けています。そこには、子どもの成長に伴う変化が関係しています。

親子の緊張関係が高まる2歳後半、親の関心は子ども同士のやりとりにも向くようになります。3歳を過ぎると集団生活に入る子どもも多くなり、ますます社会にかかわる子どもとしてわが子をとらえるようになります。2歳代では子どもの発達に直接的な影響を与える存在としての自分を意識しながらふるまっていますが、3歳以降は子どもが社会と直接かかわるようになり、社会でうまくやっていけるように、社会の常識から外れていないかどうかを見守る存在としての役割を担うようになるのです。子どもが2歳代のときには、母親は子どもを社会に送り出す担い手として自らをとらえていますが、3歳以降になると、子どもの育ちを見守る役割へとシフトしていくと言えるでしょう。子どもが従うべき社会のルールに関心が向くこと、それを見守る存在として自らを位置づけることによって、極端な逸脱を避けることができるのではないでしょうか。

④3歳という年齢

3歳という年齢は、母子の間に自律的な関係性が形成される時期とされます。たとえばアタッチメント理論で有名な心理学者ボウルビィは、3歳ごろに、相手の目標や計画に応じて、自分の目標や計画を修正することができるようになり、目標修正的なパートナーシップが形成されると指摘しています。また自己の発達について論じたエムディは、「なすべきこと」と「してはいけないこと」をめぐる周囲の人びととのやりとりを通して、子どもは3歳ごろまでの間に、自分が何をすべきか、すべきでないかに関するルールを内在化し、他者との間に自律的な「私たち」という感覚を備えていくといいます。そして母親も、しだいに子どもを自分とは別個の自律的な存在として認識していきます。

このような関係性の変化は、子どもの行動だけでなく、母親の行動にも現れます。わが子が注射を受ける場面での母親の反応について検討した根ヶ山は、3歳ごろまではわが子が注射を受けるときに母親も思わず顔をしかめるなどの共感的反応をしているのに、3歳以降は笑顔の反応（共感的ではない逆の反応）をするようになることを指摘しています。

インタビューの別の質問項目、「できるようになるといいこと」（全月齢）の内容を検討してみると、33ヶ月以降に「一人で食べる」「一人で寝る」といった〝自立〟についての内容が多く見られるようになりました。3歳前後から母親たちは自立を促すように（望むように）なります。歩行開始期の親子を対象にした高濱たちの研究でも、その時期の親が自立などの社会化や他者と協調することに関心をもつことが指摘されています。

このように、母親は子どもが3歳前後になると自立していく存在としてみるようになり、そのような関係性の変化を背景にして、語りの内容も変化したのだと考えられます。

【注】

［1］きょうだいが誕生した家庭が多くありましたが、ここで分析の対象とするのは第1子に対する不快感情のエピソードです。

［2］そのほかのカテゴリは、対象がひとつに絞れないため除外しました。分析対象となった321のエピソードは、全体の約7割にあたります。

［3］母親の選定にあたっては、性別、きょうだいの有無を考慮しました。母親Aの子どもは男児、母親Bの子どもは女児でした。

［4］バフチンの「声」の概念を継承したワーチは、声を視点であり、意識であり、人格であるとしています。ここで「声」としたのは、コミュニケーションの性質を考えてのことです。同じ子どもの要求を語るにしても、「○○したいんだと思うんですけどね」と母親の声で語るのと、「『○○したい』って言うんですよ」と子どものセリフを引用して語るのとは異なると考えます。それは、母親とは異なる視点をもつ者として子どもをとらえることではないかと考えます。

6章　わが子という他者

1　母親が子どもをイヤになるということ

本書では、子育てをしていればだれでも子どものことをかわいいと感じることもあれば、逆に子どものことをイヤだと感じることもあるだろうという視点から、子育て中の母親に対してインタビューを行い、母親が子どもをイヤになることについて考えてきました。

ここで改めて、〝母親が子どもをイヤになる〟とはどのようなことなのか考えてみます。

（1）育てるからこそイヤになる

3、4、5章から、母親の子どもに対する不快感情は子育ての具体的な生活場面のなかで生じること、またその内容は子どもの発達に応じて変化することが明らかとなりました。

その点で、子どもに対する不快感情は、子どもが好き嫌いという感情とは異なる次元のものであると言えます。子どもが好きか嫌いかという感情は、子どもという抽象的存在に対して一方向的に経験されるものです。一方、不快感情は具体的な育児の生活場面での子どもの行動に対して経験され、またその内容は子どもの発達に応じて変化します。不快感情の内容が変化するということは、母親が子どもの発達に影響を受けているということであり、母子の双方向的なかかわりのなかで生じるものであることを示しています。不快感情は母親から子どもへの一方向的なものではなく、発達しつつある子どもとかかわろうとするときに生じるのです。

（2）〝最後の砦〟であること

4、5章で紹介した縦断研究では父親に対してもインタビューを行い、母親同様に子どもに対する不快感情について尋ねました。父親たちの回答の傾向は、母親たちとは異なるものでした。半分以上の父親が「子どもをイヤになることはない」と答えたのです。イヤになることはないと答えた父親の多くは、平日の帰宅時間が遅く、育児への参加度が低い父親でした。一方、日頃から育児への参加度が高い父親は、母親同様にイヤになることについて語っていました。子育てにコミットするからこそ、子どものことをイヤになることができるのです。もちろんイヤになることはないと答えた父親たちが、まったく子育てにコミットしていないわけではありません。母親（や子育ての参加度が高い父親）と異なるのは、子どもが泣き止まないなどイヤになりそうな場面になると、母親に「バトンタッチ」するということです。ある父親は、子どもが泣いてなんとかあやそうとしても泣き止まないと、「最後の砦」である母親に交代すると語っていました。母親にバトンタッチしてすぐに泣き止む場合もあるでしょうが、そう簡単にはいきません。しかし「最後の砦」である母親には交代する人はおらず、泣き止まない子どもを抱えざるを得ません。最終的に子どもを引き受け、その場をなんとか乗り越えようとするからこそ、不快感情も生じるのでしょう。そのような百戦錬磨をくぐり抜けてきた母親とそうしてこなかった父親との間に違いがあるのは、当然のことであると言えます。

（3）親子のズレを認識する機会

不快感情を経験することは、子育てにおいてどのような意味があるのでしょうか。

子どもに対する不快感情は、こうしてほしい、こうしたいという母子の思いのズレによって生じると述べました。親子関係もひとつの人間関係であることを考えれば、ズレがあるのは当然のことです。しかし親子関係は〝養育〟という大目的があるために、養育者の思いがまず先に出てしまうことがあり、両者のズレは思った以上に大きいことがあります。不快感情は親子の間にあるズレを認識する機会であると言えるでしょう。

ズレを認識するということは、他者としてわが子と出会うことを意味します。しかもその他者は単なる他者ではなく、その育ちに責任をもっている他者です。イヤだからやめるというわけにはいかないし、簡単に関係を断ち切ることはできません。関係を維持するためには、子どもとの間のズレを何らかのかたちで調整する必要があります。不快感情は母子の関係性の再組織化を達成するためのきっかけ（根ヶ山）となるのです。しかも親子の関係は一度形成されればよいのではなく、子どもの発達に伴ってそのつど調整する必要があります。その調整の繰り返しによって親子の関係は作られていき、その結果として他の関係と差別化されるのです。不快感情を経験する、イヤになるからこそ、子どもとの関係が豊かになると言えるでしょう。

再調整のプロセスは、親の発達にもつながります。「育児は育自」と言われますが、日々の生活のなかでそれを実感している親は少ないでしょう。抜き差しならない子どもとの生活をなんとかやりすごしていった、その結果として、自らの発達（変化）を感じることができるのです。氏家は母親としての発達を、「次々と変化する子どもという現実にそのつどうまく適応すること」ととらえました。4、5章で述べた母親の語りの変化は、母親としての発達プロセスの一端であると言えるでしょう。

2 イヤになることから見る親としての適応プロセス

（1） 生後5年間の変化

生後5年間の変化をまとめてみましょう。子どもが生まれてからしばらくの期間は、子どもとの生活への移行の時期であると考えられます。その移行はスムーズにはいきません。子どもがなかなか泣き止まないと、その理由がわからずオロオロしてしまいます。自身の心身の疲労は著しく増加しますが、未熟な赤ちゃんを目の前に仕方がないと受け入れます。しばらく経つと子どもの行為をある程度理解できるようになりますが、子どもが危険なものに近づいたり不従順な行動を示すようになるため、母親は子どもを保護していかねばなりません。子どもの理解力が増してくると、母親の関心はしていいこととしてはいけないことの分別をつけることに移っていきます。1歳半を過ぎるころになると、無理な要求をするなど子どもの〈わたし〉が現れ、母親の〈わたし〉とぶつかるようになります。いままで通用していたことが通用しなくなり、関係を立て直していくことが必要となります。あまりにも激しい子どもの行動は母親の資源を脅かすことになり、受け入れがたくなってきます。3歳前後からは他の子どもとわが子のかかわりが増え、子ども自身が社会でうまくやっていけるかどうかに関心が移っていきます。

(2) 他者と出会う——二つのターニングポイント

生後5年間の母子の関係性を考える上でのターニングポイントを二つあげましょう。ひとつは、子どもの誕生後の1ヶ月くらいの期間であり、もうひとつは、自己主張・反抗の始まる1歳半から2歳半にかけての時期です。二つの時期に共通するのは、他者としての子どもとの出会い、母親の資源が脅かされているという点です。

①赤ちゃんという他者

産後しばらくの混乱は、多くの先行研究で指摘されてきましたが、本書で私が強調したいのは、赤ちゃんという他者との出会いです。出産は喜びや感動をもたらすものです。子どもとの初めての対面は母親の気持ちを高揚させます。しかし、一方で、弱々しい赤ちゃんとの対面は不安の気持ちを生じさせもします。氏家は、母親の出産時の感想のなかに不安や恐れがあったこと、それは初産婦に多かったことを報告しています。氏家は、それを赤ちゃんの小ささや柔らかさ、弱々しさからくる素朴な印象や、不慣れであることの戸惑いから生じるものであるとしています。本書の研究協力者のなかにも、初めて赤ちゃんを抱いたときの感想を「赤ちゃんってこんなに小さいんだと思った」と述べた母親がいましたが、初めて抱く新生児がわが子という状況が決して珍しくない現在においては、このような感想をもつことはあたりまえなのかもしれません[1]。

そんな小さくて弱々しい赤ちゃんを育てていくことは、おそるおそる行うことの連続でしょう（ある母親は、ある時期起きるたびに赤ちゃんが息をしているかどうかを確かめていたと語ってくれました）。そんな赤ちゃんが、ミルクをあげても、オムツを替えても、抱っこしても泣き止まないと、途方にくれてしまうのも当然です。0ヶ月時に語られた「わからなさ」や「赤ちゃん」という表現は、赤ちゃんが自分とは別の生命をもつ他者であるということを象徴していると言えるでしょう。

②わが子という他者

一方、1歳代後半から2歳代にかけての時期は、歩行開始期（toddlerhood）と呼ばれ、乳児から幼児への移行期として位置づけられてきました。ボウルビィやマーラーたちの母子関係に関する理論では、歩行開始期は、親子の間で相互調整的な関係性が確立される、関係の再編期であるとされ、これまでは子どもの自己（自我）発達の観点からとらえられてきました。しかし、近年では、親の適応の観点から、この時期をとらえようとする研究がなされるようになっています（坂上／高濱ら）。現在の発達心理学において、この時期は子どもにとってだけではなく、親にとっても重要な時期であるということはゆるぎない事実になりつつあるのです。ここで改めて取り上げることは目新しく感じられないかもしれませんが、他者としての子どもという視点でとらえてみます。

この歩行開始期は子どもの自己主張・反抗の始まる時期にあたり、日本では「反抗期」という名称が用いられてきました。坂上は、歩行開始期を「反抗期」と呼ぶのは、この時期の子どもの特徴の本質をとらえたとは言えないと指摘し、「『反抗期』という名称は、子どもの『自己を通そうとする気持ち』にのみ着目し、それを子どもの『反抗』や『不従順さ』としてとらえる、大人の立場からの命名である」と述べています。ここでは、この時期を大人が「反抗期」

と呼ぶことの意味に改めて着目したいと思います。

子どもの視点で書かれることが多いといわれる日本の育児書などでもこの時期が「反抗期」とされていて（恒吉・ブーコック）、大人にとってこの時期の子どもの行動が脅威であるということを示しています（アメリカでは“Terrible two”と呼ばれることを5章で紹介しましたが、同様の意味があるでしょう）。多くの母親は、この時期に自己主張・反抗があることやその発達的意味を知っています。にもかかわらず、多くの母親が自己主張・反抗に対して苛立ちや戸惑いを示す（氏家／坂上／高濱ら）ということは、子どもにとっては自己の発達であっても、母親たちにとってはまさに「反抗」であるということを示すものなのではないでしょうか。

麻生・伊藤は、この時期の子どもの経験を「他者の意図をわかったり、わからなかったりして悩むこと」と表現していますが、この経験は母親にとっても当てはまるでしょう。自分に歯向かってくる子どもに出会うことで、それまで養育者として保っていた優位が崩されるのです。それはひとつの人格をもった他者としてわが子に出会うことを意味するでしょう。その点「反抗」という語は、他の人格との出会いをよく表現していると言えます。養育者としての面目丸つぶれの状態のなかで、自他が抱える根本的なジレンマ（浜田／鯨岡／麻生・伊藤）にどう向き合うのかが問われるのです。

（3）資源の有限性

さて、この二つの時期には、母親の資源の有限性が多く語られました。なぜでしょうか。どうにもならない他者に向き合うとき、打ちのめされそうになる自己が立ち上がってきます。他者に向き合う自己が立ち上がってくるために、自身の有限性についての語りが増えるのではないでしょうか。ソシオバイオロジーにおいて哺乳類の育児は母親の身体が子どもにとっての重要な資源であり（根ヶ山）、子どもの発達は母親からの身体資源の提供が減少していくプロセスであるとされます。ただし、文化という社会システムのなかで行われるヒトの子育ては、母親の身体のレベルを超えたモノと他の人びとの資源を子どもに提供することを可能にし、「時間」という資源も母親が子どもに提供する資源のうちのひとつである（根ヶ山）ことは、先に指摘した通りです。

親になることによる変化として、自分の時間がなくなることがあげられることがありますが、それは母と子が時間資源をめぐってせめぎあっていることの表れでしょう。

子育ては、命にかかわる営みであることによる緊張感をはらむ、正答のない不安要素の大きい仕事（岡本）であり、日々絶え間ない、24時間労働に匹敵するような疲労を伴う（佐々木）営みでもあります。そのような営みに、母親は心身の資源を投入することになります。誕生後まもなくの時期、目の前の赤ちゃんの世話に没頭することは、母親の心身や時間の資源を奪います。自己主張・反抗が激しくなると、心身の余裕がなくなってきます。他者との抜き差しならない関係のなかで、自身の資源が脅かされそうになっているのです。ただし、脅かされることの受け止め方は二つの時期で異なっていました。生後まもなくの頃、自身の資源を提供することは、子どもとの生活に適応するために必要なことであり、母親たちも仕方のないこととしてとらえていました。一方、自己主張・反抗が激しくなる時期に自身の資源を提供することはさらなる疲弊をもたらすものであり、母親たちは少なからぬ抵抗を示していました。その抵抗が子どもの自立を促す役割を果たしているとも考えられます。

（4）グレーゾーンのかかわり

自己主張・反抗が激しくなる時期にみられた、受け入れ難さの語りはどのような母子の関係性を示しているのでしょう。

鯨岡たちは、養育者のかかわりは常に白黒はっきりできるものばかりではなく、「本当はダメだけど今日は特別……」「いつもはいいけど今日はダメ……」というグレーゾーンのかかわりがあることを指摘しました。そしてグレーゾーンのかかわりは、子どもの成長とともに子どもの行動を制止したり、方向転換を図ったりしなければならなくなることによって現れるとしています。しつけや自立を意識すると、いつも子どもの気持ちに寄り添った対応ができるわけではなくなります。鯨岡たちは、養育者のグレーゾーンのかかわりを養育者の自我の柔軟性を示すとしていますが、彼らが指摘する自我の柔軟性は、ソーシャライザー（社会化の担い手）としての視点と子どもに寄り添おうとする理解者の視点の間での揺れ動きのことです。

しかし子どもの気持ちに寄り添えなくなるのは、本書のインタビューからも明らかとなったように、養育者の枠組みのなかで視点――ソーシャライザーとしての視点と理解者としての視点――の揺れ動きがあるだけでなく、養育者の枠をはみ出してしまう、一人の人間としての視点があるからではないでしょうか。ここで縦断研究に協力してくれたある母親の語りを引用します。

【エピソード64】（27ヶ月）

「イヤイヤ」って言うのがすごくやっぱり困っちゃっていて。一回へそ曲げはじめるとすべてのことがイヤになってきちゃうから、私も怒鳴り続けなんですよね。ガミガミ言い続けちゃうっていうか。ガミガミ言う自分もイヤなんですけど、その後にこの子気分をころっと変えて、媚びるような言い方をするんですよ。たとえば「ご飯、いや。」「もういい！」とか言ったあとに「ママ、これしようよー」とかって。さっきは何事もなかったかのような顔で「本を読んで」とか言って持ってきたりすると、私はまだここら辺（胸のあたり）が煮えくりかえってるから、「ここで甘い顔をして相手をしていいんだろうか？」って思ってるときもあって。でもここでフンッとかってやっちゃったらいけないだろうと思いながら、相手をするんですけど……そういうときなんか自分が納得いかないっていうか。私がさっき怒ったことをこの子は何も感じてないんじゃないかとか思ってすんごいイヤな気持ちになって……。だから……立ち直りが早いのかもしれないですけど、なんか……おちょくられてるのかなってすごい頭にきちゃうときがあるんですよ。（中略）本当に立ち直りが早いし、切り替えちゃうから……。私はそれについていけなくって、すごいイヤな気持ちのまま一日過ごしちゃってて寝ちゃったあとに反省するんですけど。「本当になんでどうして今日は何でもイヤイヤって言うんだろう……」とかと思って、「何がいけないんだろう……」って考えちゃうときもあって、本当にもうイヤなときって何でもイヤなんですよね。「着替えるのもイヤ」、「トイレもイヤ」、「ご飯も食べたくない」。で、「表に行きたい」、すぐ連れて行ってあげないと「もういい。もう今は行きたくない」って言われると、「じゃあ、どうすればいいの……」っていうことになっちゃって……。（中略）そう、もう本当に……「がまんしなきゃ」とか思って……。「私だって人間だから、言いたいときは言いたいよ！」とか言って、きつく言っちゃうときがあるから……。でもそれで、ちょっとすーっとして、あとで反省。

養育者はときに感情むき出しに〝養育者らしからぬ〟対応をしてしまいます。このエピソードでも母親はコロコロ切り替わる子どもの言動についていけず感情を逆撫でされるような体験をして、「がまんしなきゃ」と思いつつ「私だって人間だ」と思ってしまいます。一方で養育者としてふるまいきれない自分を強く反省しています。このような視点の揺れ動きも、白黒はっきりつかないグレーゾーンの対応だと言えるのではないでしょうか。

養育者の枠をはみ出した視点の揺れ動きは、養育者としての未熟さを示すものではないでしょう。むしろ白黒はっきりつかない対応の増加は、対応の可能性の広がりを示していると考えられます。保育者の熟達過程について検討した高濱は、保育経験11年以上の保育者の子どものとらえかたの特徴のひとつとして、子どもの行動についてのいくつかの選択肢をもつことをあげています。複数の選択肢があることによって、ひとつの可能性が破棄されても、別の手を打つ可能性が残されるのです。受け入れ難さを示すエピソードでは、複数の視点の間で揺れ動く母親の様子が見て取れましたが、それはひとつの事態に対して複数の対応の可能性があることを示しています。そして対応の可能性が広がることは、母親の発達のひとつの側面であると言えるのではないでしょうか。

(5) イヤになることを明るく語れる関係

さらに、本書で示された受け入れ難さの増加は、対応の可能性の広がりを示すだけではなく、母子の関係性の変化を示していると考えられます。育児感情の研究などにおいては、2歳ごろ母親の否定的感情が増すことが指摘されていますが(繁多ら)、否定的感情の増加は否定的にとらえるようになったからではなく、否定的に語ることができるようになった結果であるとも考えられるのです。実際、1歳半過ぎぐらいから、母親は子どもを突き放したような語りをするようになります。

【エピソード65】（18ヶ月）

しつこいですよね、なんでもかんでも。みんな、子どもはそうなのかもしれないですけど、おんなじ本何回も読まされるとか、夜なのに外に出たいとか、困ります、雨降ってんのに。夜なのに。えーと、そうですね、だいたい、持ってるレパートリーは一日読みますけど、特に好きなのがその時々あるみたいで、しつこくしつこく持ってきますね。

このような一見突き放したような語りは、子どもとの生活がはじまったばかりのころにはみられないものです。突き放して語れるということは、日常生活の積み重ねのなかで子どもとの間にネガティブなことを表明できる関係ができたこと、ノーと言えなかった関係からノーと言えるような関係になったことを示しています。受け入れ難さの増加は、子どもと抜き差しならない現実を送っていること、そしてその現実を乗り越えられる強いつながりに裏打ちされているのです。

研究を始めてまもなくのころ私が出会った、子どもがイヤになることを明るく語ってくれた母親は、まさにこのような関係を子どもとの間に築いていたと言えるでしょう。

3　ふたたび親子関係とは

本書では、子育て中の母親なら誰しも感じる子どもをイヤになるという感情を取り上げ、母親たちへのインタビューを通じて見えてきたことを論じてきました。そこで描かれた親子関係は、ロマンティックなものであるとは言えません。むしろどろどろとした生々しい関係です。親子の間に感じられるある種特別なつながりは、このようなどろどろとした生々しいものの存在に負うところが大きいのではないかと思います。

私が本書で述べたかったのは、このどろどろしたものも親子関係の一部であるし、それは否定されたり隠されたりする必要があるものではなく、そのような側面があることはあたりまえであるということです。

文化人類学者の波平恵美子は詩人の伊藤比呂美との対談のなかで、「子どもより親が大事」と「子は宝」は表裏一体のものであり、本質的には同じことを意味していると述べています。波平はかつての日本においても、子どもを育てていくなかで間引きや身売りがあったことをあげ、現実生活のなかで「子どもより親が大事」ばかりでは子どもがいなくなってしまうので、「子は宝」という言い方ができたのではないかと指摘しています。人間が生きて行くうえで「子どもより親が大事」というのは本音でもあり建前でもあるというのです。しかし現在の状況は「子は宝」ということばかりが強調され、「コドモより親が大事」などとおおっぴらに言うことは憚られます。

ただ、1章で述べたように、親子関係もひとつの人間関係としてとらえれば、波平の主張は当然のことであると言えるでしょう。個としてありたいと思いつつ、他者ともつながろうとする人間という存在が根源的にもつ矛盾が、そこに表れているのです。もちろん大人と子どもという関係で言えば、その関係はいろいろな側面で非対称ですし、親子関係の場合にはそこに養育という営みが重なってくるために、単純な人間関係としてとらえにくいのも事実です。だからといって、もともとのところが見えなくなってしまっては本質を見失いかねません。人間同士の関係が内包している矛盾があるのだということをふまえて親子関係を見ていくと、豊かな関係性が見えてくるのではないでしょうか。

【注】

［1］今は多くの初産婦が母親学級での沐浴実習で新生児の人形を抱いていることが考えられますが、人形では新生児独特の小ささやぐにゃぐにゃした感じは経験できません。

おわりに

本書では親子関係もひとつの人間関係であるという視点から、母親の子どもに対する不快感情を取り上げ、子育て中の母親へのインタビューを通して普通の子育ての姿を描き出そうとしました。ロマンティックな親子像を一度壊して、きれいごとではない、あたりまえの親子の姿を記述したいという思いがありました。本書の目的は、どろどろとした生々しい子どもとの現実を養育者はどのように過ごしているのかということを記述することであり、ネガティブなことに価値があるとか、苦しみを乗り越えればすばらしいことがあると伝えることではありません。イヤになることが親の成長発達につながると述べましたが、それはあくまでも結果としてであって、今子どもの反抗期に手を焼いている親に、「今は大変でも乗り越えれば自分も成長するよ」なんて言ってもなんだか押し付けがましいし、それで彼（女）らの〝いま〟が楽になるわけでもなく、下手をすると逆効果にもなりかねないと思うのです。

ですので本書で描いた親子の姿を子育てを経験した方が「そうそう」とうなずいてくれたり、「これでいいんだ」「みんな同じなんだ」と思ってくださったら本望です。そしてこれから子育てをする方、子育てにかかわる方には、こんな一面もあるのだと思っていただけたらと思います。あたりまえなのだけれど、なかなか光があたりにくい、あたったとしても不適応の印として見られてしまうものに光をあてたいと思いました。

最近、わが子を虐待した親に対する刑罰がどんどん厳しくなっています。求刑以上の刑罰が与えられた事件もありました。最悪の場合、子どもの命が損なわれてしまう虐待は許されるべきものではありません。しかし加害者の親だけを責めれば（彼らが罪を償えば）すむ問題ではないと思います。子育ての責任を親だけに押し付け、親の責任をますます重くするのではないかと危惧しています。虐待には社会経済的な問題が大きく関係していますので、親子の関係性のみで語ることはできません。しかし、虐待を生んだ家族が親子間に生じるネガティブな側面をあたりまえのものとして抱えきれなかったということは言えると思います。本書がネガティブな側面も、健康な親子関係のひとつとしてとらえることの一助となれば幸いです。

本書は白百合女子大学に提出した博士論文をベースに大幅に加筆修正したものです。また本書の一部は次の既刊論文に基づいています。

菅野幸恵　２００１「母親が子どもをイヤになること：育児における不快感情とそれに対する説明づけ」『発達心理学研究』12、12－23頁

菅野幸恵・岡本依子・青木弥生・石川あゆち・亀井美弥子・川田学・東海林麗香・高橋千枝・八木下（川田）暁子　２００８「母親は子どもへの不快感情をどのように説明するか：第一子誕生後2年間の縦断研究から」『発達心理学研究』20、74－85頁

本書では読みやすさを重視したため、分析方法などを詳細に記述していません。詳細は既刊論文を参照してください。

博士論文の執筆にあたっては白百合女子大学名誉教授の繁多進先生にご指導いただきました。先生の母親や子どもへのまなざしは常にあたたかく、研究者としての真摯な姿勢を学ぶことができました。東京都立大学大学院在学中には須田治先生にご指導いただきました。都立大時代の出会いはいまでも私の大きな支えとなっています。縦断研究かんがるぅプロジェクトのメンバーのみなさんにもお礼を言います。なかでも岡本依子さんは私の研究の一番の理解者で、私を研究の世界に導いた人です。岡本さんと研究の面白さ、楽しさ、ときには苦しさを共有してきたことが、今までの研究の動機となり、ここまで続けられたのだと思います。本書の執筆に

あたっては新曜社の塩浦さんに大変お世話になりました。論文調を廃し、研究者だけではなく、より多くの読者向けに書くのは思った以上に難しいことでしたが、多大なサポートのおかげでここまでたどり着くことができました。

そして一番お礼を言わなければならないのは研究に協力してくださったお母様方です。どこの馬の骨ともわからない私にお話をしてくださったこと、本当に感謝しています。お子様、といっても一番大きいお子さんはすでに成人していると思いますが、ご家族の健康を心からお祈りいたします。

そして最後に、いつも私を支えてくれる家族に感謝して締めくくりたいと思います。

2012年9月

菅野幸恵

文　献

1章

青野篤子　1993「心理学概論書における母子関係の取り扱い」『心理学評論』3、288－315頁

岩瀬成子　2007『そのぬくもりはきえない』偕成社

ウィニコット・W／牛島定信（訳）1977『情緒発達の精神分析理論：自我の芽ばえと母なるもの』岩崎学術出版社

上田紀行　2008『かけがえのない人間』講談社

氏家達夫　1998「親業見習い中」『発達』73、53頁

大日向雅美　1988『母性の研究』川島書店

岡本祐子　1999「ケアすることとアイデンティティの発達」岡本祐子（編著）『女性の生涯発達とアイデンティティ』北大路書房　143－178頁

岡本依子　2008「母親による子どもの代弁」岡本依子・菅野幸恵（編）『親と子の発達心理学：縦断研究法のエッセンス』新曜社　134－144頁

小浜逸郎　2006『方法としての子ども』ポット出版

柏木恵子・若松素子　1994「『親となる』ことによる人格発達：生涯発達的視点から親を研究する試み」『発達心理学研究』5、72－83頁

鯨岡峻　1997『原初的コミュニケーションの諸相』ミネルヴァ書房

鯨岡峻　1998『両義性の発達心理学』ミネルヴァ書房
鯨岡峻　1999『関係発達論の展開』ミネルヴァ書房
佐藤達哉　1987「育児ノイローゼ」『児童心理』41、1897－1903頁
佐藤達哉　1996「母子心中から日本的母子関係を考える」佐藤達哉・大日向雅美（編）『現代のエスプリ342　子育て不安・子育て支援』至文堂　70－78頁
佐野洋子　2008『シズコさん』新潮社
菅原ますみ　1999「子育てをめぐる母親の心理」東洋・柏木惠子（編著）『社会と家族の心理学』ミネルヴァ書房　47－80頁
高橋重宏　1987『母子心中の実態と家族関係の健康化』川島書店
詫摩武俊　1966「核家族における母親の育児不安」『児童心理』23、1833－1838頁
田間泰子　2001『母性愛という制度』勁草書房
根ヶ山光一　1997「子どもの顔におけるかわいらしさの縦断的変化に関する研究」『人間科学研究』10、61－68頁
根ヶ山光一　2002『発達行動学の視座』金子書房
浜田寿美男　1999『「私」とは何か：ことばと身体の出会い』講談社
浜田寿美男　2006「『将来』によって食いつぶされる『いま』：『発達』という視線」苅谷剛彦（編著）『今この国で大人になるということ』紀伊国屋書店　95－113頁
浜田寿美男・奈良女子大学子ども学プロジェクト　2008『赤ずきんと新しい狼のいる世界』洋泉社
牧野カツコ　1982「乳幼児をもつ母親の生活と育児不安」『家庭教育研究所紀要』3、1－13頁
牧野カツコ　1983「働く母親と育児不安」『家庭教育研究所紀要』4、67－76頁
Rijt-Plooij, H. H. C. & Plooij, F. X. 1993 Distinct periods of mother-infant conflict in normal development: Sources

of progress and germs of pathology. *Journal of Child Psychology and Psychiatry, 34*, 229-245.
梁井昇・梁井迪子　１９６６「現代における育児不安」『教育と医学』14、１１３９－１１４４頁

２章

岡本依子・菅野幸恵（編）　２００８『親と子の発達心理学：縦断研究法のエッセンス』新曜社
澤田英三　１９９５「生涯発達における面接法」無藤隆・やまだようこ（責任編集）『講座生涯発達心理学１　生涯発達心理学とはなにか：理論と方法』金子書房　２１４－２２５頁
澤田英三・鹿島達哉・南博文　１９９２「母親の素朴な発達観の特徴と構造について：事例的研究」『広島大学教育学部紀要』41、89－98頁
松嶋秀明　２００３「非行少年の「問題」はいかに語られるか：ある更生保護施設職員の語りの事例検討」『発達心理学研究』14、２３３－２４４頁
松嶋秀明　２００５『関係性のなかの非行少年：更生保護施設のエスノグラフィーから』新曜社
やまだようこ　１９９７「モデル構成をめざす現場心理学の方法論」やまだようこ（編）『現場心理学の発想』新曜社　１５１－１８６頁
やまだようこ　１９９９「喪失と生成のライフストーリー」『発達』79、２－10頁
やまだようこ（編）　２０００『人生を物語る：生成のライフストーリー』ミネルヴァ書房
やまだようこ　２００４「質的研究の核心とは」無藤隆・やまだようこ・南博文・麻生武・サトウタツヤ（編）『質的心理学：創造的に活用するコツ』新曜社　８－13頁
やまだようこ　２００６「質的心理学とナラティヴ研究の基礎概念：ナラティヴ・ターンと物語的自己」『心理学評論』49、４３６－４６３頁

3章

伊藤比呂美　1992『良いおっぱい悪いおっぱい』集英社文庫
柏木恵子・若松素子　1994「『親となる』ことによる人格発達：生涯発達的視点から親を研究する試み」『発達心理学研究』5、72－83頁
澤田英三　1995「生涯発達における面接法」無藤隆・やまだようこ（責任編集）『講座生涯発達心理学1　生涯発達心理学とはなにか：理論と方法』金子書房　214－225頁
菅野幸恵　2007「固定化された関係を越えて」宮内洋・今尾真弓（編）『あなたは当事者ではない：〈当事者〉をめぐる質的心理学研究』北大路書房　18－27頁
浜田寿美男　1997『ありのままを生きる』岩波書店

4章

氏家達夫　1995「乳幼児と親の発達」麻生武・内田伸子（編）『講座生涯発達心理学2　人生への旅立ち：胎児・乳児・幼児前期』金子書房　99－128頁
神庭純子・藤生君江　2003「乳幼児をもつ母親の育児上の心配事：（第一報）1ヶ月から3歳の縦断的検討」『小児保健研究』62、504－510頁
亀井美弥子　2008「母親の視点から見た育児ネットワーク」岡本依子・菅野幸恵（編）『親と子の発達心理学：縦断研究法のエッセンス』新曜社　210－221頁
川田学・塚田－城みちる・川田暁子　2005「乳児期における自己主張性の発達と母親の対処行動の変容：食事場面における生後5ヶ月から15ヶ月までの縦断的検討」『発達心理学研究』16、46－58頁
鯨岡峻・鯨岡和子　2001『保育を支える発達心理学』ミネルヴァ書房
澤田英三・鹿島達哉・南博文　1992「母親の素朴な発達観の特徴と構造について：事例的研究」『広島大学教育

学部紀要』41、89－98頁
根ヶ山光一　1995「子育てと子別れ」根ヶ山光一・鈴木晶夫（編著）『子別れの心理学』福村出版　12－30頁
服部祥子・原田正文　1991『乳幼児の心身発達と環境：大阪レポートと精神医学的視点』名古屋大学出版会
山田富秋　1999「セラピーにおけるアカウンタビリティ」小森康永・野口裕二・野村直樹（編）『ナラティヴ・セラピーの世界』日本評論社　151－166頁

5章

東洋　1994『日本人のしつけと教育：発達の日米比較にもとづいて』東京大学出版会
氏家達夫　1995「自己主張の発達と母親の態度」二宮克美・繁多進（執筆代表）『たくましい社会性を育てる』有斐閣　51－68頁
エムディ、R　2003「乳幼児の関係性の経験：発達的にみた情緒の側面」ザメロフ、A・J＆エムディ、R・N（編）／小此木啓吾（監修）『早期関係性障害：乳幼児期の成り立ちとその変遷を探る』岩崎学術出版社
荻原玉味・岩井宜子　1998『児童虐待とその対策：実態調査を踏まえて』多賀出版
Galinsky, E. 1981 *Between generations: The six stages of parenthood.* New York : Berkeley.
川田学　2008「「優れた適応」は家族の歴史を作るか？」岡本依子・菅野幸恵（編）『親と子の発達心理学：縦断研究法のエッセンス』新曜社　194－195頁
川田学　2008「親を困らせる子どもの行動：親はどう対処しているか？」岡本依子・菅野幸恵（編）『親と子の発達心理学：縦断研究法のエッセンス』新曜社　183－193頁
坂上裕子　2005『子どもの反抗期における母親の発達：歩行開始期の母子の共変化過程』風間書房
高濱裕子・渡辺利子・坂上裕子・高辻千恵・野澤祥子　2008「歩行開始期における親子システムの変容プロセス：母親のもつ枠組みと子どもの反抗・自己主張との関係」『発達心理学研究』19、108－120頁

Negayama, K. 1999 Development of reactions to pain of inoculation in childs and their mothers. *International Journal of Behavioral Development, 23,* 731-746.
福本廣　１９９１「家から幼稚園への移行」山本多喜司・ワップナー、Ｓ（編著）『人生移行の発達心理学』北大路書房　１３７－１５１頁
ボウルビィ、Ｊ／黒田実郎ほか（訳）１９９１『母子関係の理論Ⅰ　愛着行動』新版、岩崎学術出版社
ワーチ、Ｊ・Ｖ／田島信元ほか（訳）１９９５『心の声：媒介された行為への社会文化的アプローチ』福村出版

6章

麻生武・伊藤典子　２０００「1歳と2歳：他者の意図に従う力・逆らう力」岡本夏木・麻生武（編）『年齢の心理学：０歳から6歳まで』ミネルヴァ書房　63－１０２頁
伊藤比呂美　１９９７『コドモより親が大事』集英社
氏家達夫　１９９５「自己主張の発達と母親の態度」二宮克美・繁多進（執筆代表）『たくましい社会性を育てる』有斐閣　51－68頁
氏家達夫　１９９５「乳幼児と親の発達」麻生武・内田伸子（編）『講座生涯発達心理学第２巻　人生への旅立ち：胎児・乳児・幼児前期』金子書房　99－１２８頁
岡本祐子　１９９９「ケアすることとアイデンティティの発達」岡本祐子（編著）『女性の生涯発達とアイデンティティ：個としての発達・かかわりの中での成熟』北大路書房　１４３－１７８頁
鯨岡峻・鯨岡和子　２００１『保育を支える発達心理学』ミネルヴァ書房
坂上裕子　２００５『子どもの反抗期における母親の発達：歩行開始期の母子の共変化過程』風間書房
佐々木保行・佐々木宏子　１９８０「乳幼児をもつ専業主婦の育児疲労２」『宇都宮大学教育学部紀要』30、11－25頁

高濱裕子　２０００「保育者の熟達化プロセス：経験年数と事例に対する対応」『発達心理学研究』11、２００－２１１頁
高濱裕子・渡辺利子・坂上裕子・高辻千恵・野澤祥子　２００８「歩行開始期における親子システムの変容プロセス：母親のもつ枠組みと子どもの反抗・自己主張との関係」『発達心理学研究』19、１０８－１２０頁
恒吉僚子・ブーコック、Ｓ　１９９７『育児の国際比較：子どもと社会と親たち』日本放送出版協会
根ヶ山光一　２００２『発達行動学の視座：「個」の自立発達の人間科学的探究』金子書房
根ヶ山光一　２００２「霊長類を通してみたヒト乳幼児の母子関係：反発性の観点から」『心理学評論』45、３９９－４１０頁
繁多進・菅野幸恵・白坂香弥・真栄城和美　２００１「乳幼児に対する母親の感情と行動」『母子研究』21、28－36頁

著者紹介

菅野幸恵（すがの・ゆきえ）
東京都立大学人文学部，同大学院人文科学研究科修士課程を経て白百合女子大学大学院文学研究科博士課程，中途退学，博士（心理学）
現所属は，青山学院女子短期大学子ども学科，准教授
著書として『エピソードで学ぶ乳幼児の発達心理学』（共著），『エピソードで学ぶ赤ちゃんの発達と子育て』（共著）（いずれも新曜社）など。

新曜社
あたりまえの親子関係に気づく
エピソード65

初版第1刷発行　2012年10月5日

著　者　菅野幸恵

発行者　塩浦　暲

発行所　株式会社 新曜社
101-0051　東京都千代田区神田神保町2-10
電話(03)3264-4973(代)・FAX(03)3239-2958
e-mail：info@shin-yo-sha.co.jp
URL：http://www.shin-yo-sha.co.jp/

印刷所　三協印刷株式会社
製本所　イマヰ製本所

ISBN978-4-7885-1303-7　C1011